HISTOIRE

DES RÉVOLUTIONS

DE FRANCE.

L'Histoire des Révolutions de France est divisée en plusieurs époques qui peuvent se vendre séparément.

1.re époque.	Assemblée constituante.	1 vol.
2.me	Assemblée législative.	1 vol.
3.me	Convention nationale.	3 vol.
4.me	Directoire exécutif.	2 vol.
5.me	Consulat.	1 vol.
6.me	Empire.	3 vol.
7.me	Depuis la restauration jusqu'au 20 mars 1815.	1 vol.
8.me	Depuis le 20 mars jusqu'au 8 juillet 1815.	1 vol.
9.me	Depuis la seconde restauration jusqu'à nos jours.	1 vol.

HISTOIRE

DES RÉVOLUTIONS

DE FRANCE.

ASSEMBLÉE CONSTITUANTE.

Par l'Auteur de l'Histoire des opérations de l'Armée Royale, sous les ordres de Monseigneur, Duc d'Angoulême, etc.

PARIS,

Chez LE NORMAND, rue de Seine, n.º 8.

A AVIGNON,

Chez Pierre CHAILLOT Jeune, Impr.-Libraire, Place du Change.

1817.

HISTOIRE DES RÉVOLUTIONS DE FRANCE.

LIVRE I.

ASSEMBLÉE CONSTITUANTE.

CHAPITRE PREMIER.

OUVERTURE des États-Généraux. Séance royale. Opposition du Tiers-État. Renvoi de Necker. Prise d'armes dans toute la France. Insurrection de la Capitale. Révolte des gardes françaises. Prise de la Bastille. Mort du gouverneur de Launay et de M. de Flesselles. Complots de Montrouge. Émigration des Princes. Le Roi vient à Paris. Brûlement des châteaux. Famine factice. Assassinats dans Paris et autres villes.

JE vais dans un court espace, resserrer l'Histoire des révolutions qui ont désolés notre patrie depuis près de

A

trente ans , afin que mise à la portée de toutes les classes de la société , elle éclaire le peuple français sur ses maux passés , lui apprenne que ses malheurs présens n'en sont que les suites funestes et lui signale dans l'avenir les écueils contre lesquels peut encore se briser le vaisseau de l'état.

La philosophie du dix-huitième siècle avait tellement corrompu la plupart de ceux qui tenaient le premier rang dans l'ordre social , que la cour , les parlemens , des évêques même rougissaient de la religion des Racine, des Fénélon.

Un déficit énorme rendait indispensable la création de nouveaux impôts. Les parlemens s'obstinaient avec opiniâtreté à en refuser l'enregistrement. Le changement successif des ministres , deux assemblées de notables , n'avaient fait qu'augmenter la crise , sans indiquer d'autres remèdes que la convocation des états-généraux. Le roi seul au milieu de cette foule d'insensés , paraissait comme un homme harrassé de fatigue , qui cherche vainement un appui dans un champ complanté de frêles roseaux ou de buissons déchirans. Il aimait son peuple , il voulait son bonheur , et la France qui devait bientôt enfanter des milliers d'illustres scélérats , ne put alors produire un Sully , un Colbert.

Les états-généraux furent appelés ; et le Conseil, par l'influence de Necker, ayant eu la faiblesse de consentir à la double représentation du tiers-état , jeta les semences de la plus terrible révolution qui ait affligé le monde.

Le désordre des finances ; le mépris de la religion ; le déréglement de plusieurs de ses ministres ; le refus des castes privilégiées de consentir à une égale répartition des impôts ; une magistrature follement orgueilleuse de servir la cause des factieux contre un roi , l'exemple de toutes les vertus ; la foule d'hommes instruits et jaloux de la noblesse dans la caste intermédiaire ; et ce nombre toujours croissant dans les malheurs publics de ces intrigans déhontés qui sacrifient tout à l'ambition ou à l'intérêt , ne pouvaient faire des états-généraux qu'une arène où les partis s'entre-choquant avec violence finiraient par tout détruire sans rien édifier.

Le cinq du mois de mai 1789 , cette assemblée fut installée avec une grande solennité. Le roi ouvrit la séance par un discours où il se déclara le *premier ami de son peuple.* Ce discours écouté avec un silence religieux , fut couvert d'applaudissemens unanimes. Mais le lendemain la discorde secoua ses torches infernales. Le clergé et la noblesse , suivant l'antique usage , s'étant chacun réuni dans une salle particulière , le tiers qui siégeait dans la salle commune les invita à se réunir avec lui pour la vérification des pouvoirs. Sur leur refus , et après des conférences conciliatoires qui se tinrent chez le garde-des-sceaux , qui durèrent jusqu'au milieu du mois de juin , et qui , vu l'exaspération des esprits , ne produisirent aucun effet ; le tiers se constitua sans l'aveu des deux premiers ordres et contre les intentions du roi , sous le nom d'assemblée nationale.

Une séance royale fut jugée nécessaire pour arrêter dans le principe cette tendance au républicanisme. Les états-généraux ayant été provisoirement suspendus pour des préparatifs relatifs à cette séance, le tiers ne voulut pas moins continuer ses délibérations. Ses membres se rendirent au lieu ordinaire de ses assemblées, et sur le refus des soldats qui en gardaient l'entrée, de les laisser pénétrer dans l'enceinte, ils se réunirent dans un jeu de paume, et prêtèrent le fameux serment de ne point se séparer tant que l'ordre public ne serait pas rétabli, et que là où serait la chambre des communes serait l'assemblée nationale.

Le gant était jeté, Louis XIV l'aurait ramassé, il aurait puni les moteurs de cette rébellion, il aurait renvoyé dans leurs provinces ces hommes ou coupables ou trompés; mais Louis XVI refusait de croire à la perversité de ses

ennemis, et s'abandonnant à l'impulsion de son cœur, il crut que parce
qu'il voulait réellement le bien, les
représentans de son peuple devaient le
vouloir aussi. Vainement dans la séance
royale qui se tint le 23 juin, fit-il
entendre ces paroles remarquables :
« Si par une fatalité, loin de ma pen-
» sée, vous m'abandonniez dans une
» si belle entreprise, seul je ferai le
» bien de mes peuples, seul je me
» considérerai comme leur véritable
» représentant. » Vainement ordonna-
t-il aux trois ordres de délibérer séparément dans les salles qui leur étaient
affectées. Les factieux connaissaient sa
bonté, ils avaient mis à l'épreuve la
faiblesse du ministère ; aussi, lorsque
le roi se retira, le clergé et la noblesse
allèrent délibérer dans leurs salles res-
pectives ; le tiers même semblait vou-

loir imiter une si noble obéissance ;
mais le fougueux, le violent Mirabeau
s'élance à la tribune : « Quelle est donc,
» dit-il , cette insolente dictature ?
» l'appareil des armes , la violation
» du temple national pour vous com-
» mander d'être heureux. Qui vous
» donne des lois impérieuses ? votre
» mandataire : Lui qui doit les rece-
» voir de nous , de nous revêtus d'un
» sacerdoce inviolable ; de nous , de
» qui dépend le bonheur de vingt-
» cinq millions d'hommes..........
» Cependant une force militaire en-
» vironne les états : et où sont
» les ennemis de la nation ? Catilina
» est-il à nos portes..... Je demande
» que vous vous renfermiez dans la
» religion de votre serment : il ne
» vous est pas permis de vous séparer
» avant que l'état soit régénéré. »

Lorsque dans une assemblée délibérante, l'oubli du respect que l'on doit au monarque est porté à un tel point et qu'il reste impuni, les esprits éclairés doivent facilement s'apercevoir de quel côté tournera la victoire.

Le grand-maître des cérémonies vint signifier au tiers de se séparer. Mirabeau lui répondit avec son audace impétueuse, que l'assemblée ne se séparerait que par la puissance des baïonnettes, et le gouvernement n'eut pas le courage de les employer.

Dès-lors on vit toute la profondeur de l'abîme, on cessa de regarder le trône comme un appui, et les deux premiers ordres eurent des transfuges qui allèrent grossir le nombre de leurs adversaires. Le roi crut mettre un terme à ces dissentions en ordonnant au clergé et à la noblesse de se réunir au tiers-état, ils obéirent.

Paris était en proie aux plus violentes insurrections, depuis plus d'un an cette ville était travaillée par l'or et les intrigues des ennemis de la légitimité. Un prince, qui par son rang, sa proximité du trône, en aurait dû être le plus ferme soutien, se livrant à des conseils perfides, à une criminelle ambition, osa conspirer contre son roi. Son palais fut le receptacle de tout ce que la France eut de plus pervers; les discours incendiaires, les motions extravagantes, les pamphlets les plus virulens sortaient du palais royal, et se répandant dans la ville et les provinces y communiquèrent le feu de la rébellion.

Des soldats des gardes françaises avaient été arrêtés pour avoir pris part aux conciliabules du palais royal ; la prison qui les renferme est forcée , ils sont délivrés et promenés en triomphe dans la ville par une troupe de jeunes factieux. L'assemblée nationale justifiant de pareilles violations des lois militaires demande leur grace au roi , elle l'obtint. Les gardes françaises enhardis par cette impunité dénoncent à l'assemblée leur colonel ; les instigateurs de cette manœuvre sont arrêtés , le régiment se soulève et le ministère est obligé de les faire relâcher.

La cour ne pouvant plus compter sur les gardes , appelle à Versailles un régiment de hussards. La discorde se met entre les deux corps. Des combats partiels se livrent , la populace se joint aux gardes françaises , et le gouvernement en renvoyant le fidelle régiment de Berchiny , donne encore

une nouvelle preuve de sa pusilla-
nimité.

Tant de faiblesse d'une part et tant
d'audace de l'autre, devaient éclairer les
moins clairvoyans ; mais l'aveuglement
semblait avoir frappé toutes les têtes,
hormis celles qui machinaient les crimes épouvantables qui souillèrent la
capitale.

Cependant le ministère avait rassem-
blé une armée dans le voisinage de
Paris. Le commandement en avait été
donné au maréchal de Broglie. Necker,
regardé comme l'artisan secret des
troubles et de l'opposition, fut renvoyé.
Ces mesures vigoureuses firent trem-
bler les conspirateurs dans leurs chai-
ses curules. Mirabeau dans une adresse
au roi demanda au nom du peuple français le renvoi des troupes. Louis XVI
répondit qu'elles n'avaient été rassemblées

blées que pour veiller à la tranquillité publique , et offrit de transférer les états-généraux à Soissons où à Noyons.

Le refus du roi de faire retirer l'armée , la disgrace de Necker qu'ils regardaient comme leur égide , portèrent la terreur dans l'ame des conjurés , ils se crurent perdus , ne virent leur salut que dans un embrasement général et ils organisèrent cette prise d'armes spontanée qui souleva presque le même jour et à la même heure , la France entière. Des hommes adroits furent envoyés dans toutes les provinces, et les parcourant dans tous les sens avec une extrême célérité , ils répandirent le bruit qu'ils étaient poursuivis par des brigands qui mettaient tout à feu et à sang. On crut à l'arrivée des brigands , par-tout on s'arma pour les repousser , et l'on resta sous les armes.

B

Le renvoi de Necker fut le signal de l'insurrection de la capitale ; des brigands en incendièrent les barrières ; ils attaquèrent sur la route de Versailles, les troupes de ligne qui les repoussèrent. Camille Desmoulins, l'un des plus fougueux orateurs du palais royal, harangua la populace, il prédit que la disgrace du ministre chéri du peuple est le prélude d'une nouvelle *Saint Barthelemi*. Les spectacles sont fermés, les bustes de d'Orléans et de Necker affublés d'un crêpe funèbre sont promenés religieusement dans les rues. Un détachement de dragons tombe sur la séditieuse procession au moment où elle traversait la place de Louis XV. Le buste de Necker est brisé et l'homme qui portait celui du duc d'Orléans est blessé. Le prince de Lambesc à la tête de Royal-Allemand est attaqué par trois ou quatre mille insurgés ; assailli de coups de pierres et de fusils , et voyant sa retraite prêt d'être coupée , il les charge et les disperse. Ne pouvant le vaincre , on le calomnie. Les gardes françaises achèvent de lever le masque , ils font feu sur Rroyal-Allemand , et cet intrépide régiment , forcé de dévorer cette outrageante agression , reçoit l'ordre de se retirer, lorsqu'il allait fondre sur ces rebelles. Le désordre était à son comble , le tocsin sonnait dans toutes les églises ; une horde effroyable de bandits enfonce les boutiques des armuriers , la maison religieuse de saint Lazare est incendiée , le dépôt d'armes des invalides est pillé. L'assemblée électorale et les districts de Paris légitimant tous ces attentats, autorisent la création d'une milice bourgeoise , et les conjurés qui naguère

avaient été obligés de se servir de brigands obscurs et gagés, peuvent main-
tenant marcher légalement à leurs fins,
et ils proclament que l'insurrection
est le plus saint des devoirs.

Dès que les factieux eurent à leur
disposition, une armée et des canons,
ils résolurent d'entreprendre le siége
de la Bastille. Le 14 juillet, trente
mille hommes s'y portent avec furie ; la
discorde se met dans sa faible garnison ;
les uns veulent rendre la forteresse
sans coup férir, d'autres indignés,
veulent se défendre à outrance ; ceux-
ci ripostent avec fureur au feu des as-
saillans, tandis que les premiers tra-
hissant leur devoir, en facilitent l'entrée.
Cependant le malheureux gouverneur
de Launay était parvenu à obtenir une
capitulation ; il se rend, il est égorgé.
Le prévòt des marchands, M. de Fles-

selles , accusé d'être de connivence avec lui , subit le même sort. Ces victimes ne peuvent étancher la soif du sang qui dévore déjà les amis de la révolution , et plusieurs têtes sanglantes promenées triomphalement dans les rues semblent pronostiquer les scènes d'horreur qui se succèderont avec tant de rapidité et dont cette journée , d'odieuse mémoire , a été l'affreuse annonce.

La lanterne fut le supplice réservé aux victimes de la fureur populaire , le cri de menace contre les ennemis de la démagogie , le refrain des chants de provocation et de carnage , et Camille Desmoulins s'en déclara le procureur-général.

La cour était dans la consternation. Les ministres , objets de la haine des conjurés, en étaient publiquement ménacés. Mirabeau demandait à la tribune la tête du maréchal de Broglie.

Paris n'était point dans une position plus rassurante ; l'apparition de quelques patrouilles de hussards y avait porté l'épouvante, et la nuit du 14 au 15 juillet se passa à creuser des fossés, à dépaver les rues et à placer de l'artillerie pour les repousser.

Dans ces déplorables conjonctures, l'assemblée nationale demanda au roi l'éloignement des troupes et son autorisation à l'organisation de la garde bourgeoise. Le roi répondit qu'il donnerait des chefs à cette garde et que les ordres étaient donnés pour faire évacuer le champ de Mars.

Ce triomphe enhardit les conjurés, ils mirent à prix la tête du comte d'Artois, ils résolurent de détrôner le souverain légitime et de proclamer

Philippe lieutenant-général du royaume. Un conciliabule, où présidaient Mirabeau, Sieyes, de Laclos et de Latouche, tenait ses séances à Montrouge, et l'on y conspirait la ruine de la patrie.

La lutte ne pouvait être longue ; la cour renonçant à se servir de l'armée sa dernière ressource , l'opinion étant pervertie, elle devait céder. Le roi se rendit aux états-généraux , il déclara que les troupes allaient s'éloigner de Paris et de Versailles. La majorité de l'assemblée ignorant les manœuvres ténébreuses des conjurés ne se laissait entraîner plutôt par propension à une liberté dont ils ne connaissaient point les dangers , que par haine contre le monarque ; aussi , le discours du roi excita une ivresse générale ; l'assemblée entière le reconduisit au château ; la reine se montra au peuple tenant le dauphin dans ses bras , et le délire d'une joie universelle fit oublier les désastres de la capitale.

Cette joie fut courte ; cette journée qui avait fait connaître aux conspirateurs , combien le roi était chéri , retarda le moment de leur triomphe , et ils eurent recours à de nouvelles perfidies. Ils demandèrent le renvoi du ministère , le rappel de Necker. Les ministres donnèrent leur démission et Necker fut rappelé.

Le Comte d'Artois , les princes de Condé , de Conti et une foule de grands se trouvant sans appui après d'un trône chancellant quittèrent la France. Avec eux commença cette grande émigration qui faisant sortir du royaume des sommes immenses , augmenta la rareté du numéraire.

Voulant donner au peuple de nouvelles preuves de son amour , et malgré les prières de sa famille alarmée , le roi se dévoua. Il part pour Paris sans autre escorte que celle de plusieurs députés. Une triple haie de deux cents mille hommes armés bordait les quais , depuis la barrière de Passy , jusqu'à l'Hôtel-de-ville. Le silence morne des Parisiens attrista son cœur, quelques larmes mouillèrent son auguste visage. Il fut complimenté par Bailly, que les districts avaient nommé maire. Ce magistrat lui présenta la cocarde tricolore , que les agens du duc d'Orléans avaient fait prendre au peuple, parce que c'était ses couleurs ; Louis XVI craignant d'indisposer des sujets qu'il aimait , l'accepte , et le signal des applaudissemens fut donné. Aussitôt les cris de vive le roi se firent entendre et l'accompagnèrent pendant **son** retour jusqu'à Versailles.

Cette démarche du roi qui devait être le gage d'une réconciliation sincère entre la cour et les partisans de la révolution qui venait de s'opérer, aurait dû arrêter le cours des assassinats et rétablir la tranquillité publique ; mais, les hommes qui voulaient la destruction du trône , poussèrent le cri de *guerre aux châteaux* , *paix aux chaumières.* Ce cri fut entendu et répété d'un bout de la France à l'autre. Les propriétés des Seigneurs furent dévastées et incendiées , les anciens dépositaires de l'autorité furent égorgés, la terreur fut organisée dans toute l'étendue du royaume ; c'est par elle que l'on força à s'expatrier une foule de riches propriétaires , que l'on chassa des places la plupart des bons citoyens , qu'il ne se présenta pour les occuper que des hommes avides ou pervers, et que l'on paralisàt les vœux des amis de la patrie.

Une famine factice vint mettre le comble à tant de calamités ; elle était causée par la médiocrité de la précédente récolte et par les accaparremens des agens de Philippe. La populace en accuse les aristocrates et les exécutions populaires recommencent avec plus de furie. Paris qu'on devait croire pacifié par la confiance avec laquelle Louis XVI avait paru au milieu de ses habitans ; Paris en donne encore l'affreux exemple. Foulon , l'un des ministres proscrits , et son gendre Bertier , furent égorgés avec des circonstances si atroces que la plume répugne à les décrire . A Saint-Germain , un marchand de grains est massacré. A Saint-Denis, le maire est inhumainement immolé sur le seuil de la porte d'une église où il s'était réfugié. Ces horreurs se répétaient dans presque toutes les villes de France, et elles semblaient rivaliser de barbarie avec la capitale.

Tant de crimes, dont la plupart étaient sans motifs, n'étaient point sans but : il fallait en faire commettre au peuple, il fallait l'y familiariser, il fallait lui faire craindre le retour à l'ordre, il fallait le compromettre enfin.

Des brigands parcouraient les campagnes, mettaient les riches propriétaires à contribution, pillaient les maisons religieuses, incendiaient les châteaux, mettaient le feu aux moissons non encore coupées, et ces hommes salariés par une puissance inconnue, recevaient régulièrement tous les jours le salaire de leurs crimes.

CHAPITRE

CHAPITRE II.

RETOUR de Necker. Nouveau ministère. Séance du 4 août. Pénurie des finances. Menaces des conjurés du palais-royal. Fête donnée à Versailles , par les Gardes-du-corps aux Officiers du régiment de Flandres. Troubles dans Paris. Soulèvement de la populace. Elle se dirige sur Versailles. Massacres des Gardes-du-corps. Attentat contre la Famille royale. Dévouement de la Reine. Le Roi est forcé de quitter Versailles pour aller habiter le Château des Tuileries.

NECKER à son retour fut accueilli comme un sauveur par tous les partisans de la nouvelle révolution. Il fut reçu comme en triomphe à l'Hôtel-de-Ville de Paris. Les électeurs lui accordèrent la liberté du baron de Bezenval qui avait été arrêté comme ennemi du peuple. Cependant les factieux ne voulant pas

rétrog ader dans la carrière du crime ,
les districts annulèrent l'arrêté de
l'hôtel-de-ville. L'assemblée nationale
légitima ce refus et la première démarche du ministre censurée par ses
anciens amis , anéantit toute sa popularité.

Le roi , pour se rendre favorable
l'assemblée , crut d'après le conseil
de Necker , prendre les nouveaux ministres dans son sein. Les sceaux furent
donnés à l'archevêque de Bordeaux ,
la feuille des bénéfices à l'archevêque
de Vienne , et le département de la
guerre au comte de la Tour-du-Pin.

L'assemblée ne méritait pas de la
part du monarque , une pareille con-
descendance. Elle s'avilissait tous les
jours , par une audace criminelle à
saper les fondemens de la monarchie ,
et par une faiblesse coupable eu ne

punissant pas ceux-là même qui insultaient à ses actes. Le 1er août , M. Touret fut nommé à la présidence ; soupçonné d'être lié avec la maison de Polignac , les agitateurs le menacent de le faire assassiner , et l'obligent de se démettre de cette fonction.

La séance de la nuit du 4 août sera fameuse dans l'histoire, par l'étonnante facilité avec laquelle les deux premiers ordres firent le sacrifice de leurs priviléges. A la suite de plusieurs repas somptueux et bruyans , les députés se réunirent et ouvrirent la séance à huit heures du soir. La noblesse et le clergé rivalisant de générosité , firent décréter, qu   impôts seraient également supportés par tous les Français, le remboursement des droits féodaux , l'abolition du droit de chasse , la destruction des justices seigneuriales et des colombiers , la suppression des dîmes et des annates ; la pluralité des bénéfices fut regardée comme illégale, et l'hérédité des charges de magistrature fut supprimée. Cinq heures d'enthousiasme suffirent pour renverser l'ouvrage de plusieurs siècles. Louis XVI fut proclamé solennellement *le Restaurateur de la liberté française.* Un *Te Deum* fut chanté en actions de graces de tous ces abandons ; la France y applaudit. On crut la révolution finie , elle commençait à peine.

La pénurie du trésor public , l'impossibilité de la rentrée des impôts chez un peuple armé et en insurrection , la faiblesse de l'autorité exécutive , le sommeil de la force publique , avaient resserré toutes les bourses et anéanti le crédit. Vainement on ouvrit des emprunts , ils ne purent se remplir.

Le Roi envoya sa vaisselle à la monnaie ; plusieurs membres du clergé
imitant ce généreux dévouement offri-
rent l'argenterie des églises ; des dons
patriotiques furent acceptés ; mais ces
faibles ressources furent bientôt épui-
sées ; on fit quelques lois pour remé-
dier à cette détresse , elles restèrent
sans exécution.

Pendant que l'assemblée nationale
s'occupait de la discussion sur les droits
de l'homme et de la sanction royale
aux actes du corps législatif, les révolutionnaires par des nouvelles menaces,
cherchaient à intimider les membres
de cette assemblée attachés à la cause du
roi. « L'assemblée patriotique du palais
» royal , écrivait-on à M. de Clermont-
» Tonnerre président , a l'honneur de
» vous faire part , que si la partie de
» l'aristocratie , formée par une partie

» du clergé , une partie de la noblesse
» et cent vingt membres des commu-
» nes ignorans ou corrompus , continue
» de troubler l'harmonie et veut en-
» core la sanction absolue ; quinze
» mille hommes sont prêts à éclairer
» leurs châteaux et leurs maisons , et les
» vôtres particulièrement, Monsieur. »
L'on écrivait pareillement aux secré-
taires. « Vos maisons répondront de
» votre opinion , les anciennes leçons
» recommenceront ; songez-y et sau-
» vez-vous. »

Toutes ces machinations également
employées pour rendre le *veto* royal
odieux et pour effrayer les amis de
l'ordre, faisaient pressentir des insurrections plus effroyables que celles qui
les avaient précédées. Cependant les
bons esprits de l'assemblée méprisant
ces menaces firent statuer : 1.° Que la

personne du roi était inviolable. 2.° Que le trône était indivisible. 3.° Que la couronne de France était héréditaire de mâle en mâle et par ordre de primogéniture.

Le roi avait encore le pouvoir de refuser ou de sanctionner les actes du corps législatif ; ce refus devait être suspensif et n'aurait d'effet que pendant le cours de deux législatures.

Les ennemis secrets de la monarchie proposèrent de faire l'essai du *veto* , en demandant la sanction des décrets de la séance nocturne du 4 août. Le roi après des observations pleines de sagesse demanda qu'on lui laissât le temps nécessaire à mûrir sa décision. Ne voyant dans cette réponse que l'avant-coureur d'un refus , Mirabeau annonça qu'un nouvel incendie était prêt à s'allumer. Le ministère effrayé céda, et les décrets furent promulgués.

Le retard qu'avait mis Louis XVI dans l'acceptation des droits de l'homme avait servi de prétexte aux conjurés, pour exciter contre lui la populace de Paris et de Versailles. Une nouvelle révolte se préparait dans l'ombre, elle paraissait d'autant plus alarmante que les factieux en fixaient le jour et s'en promettaient les plus affreux résultats. Le régiment de Flandres fut appelé à Versailles pour veiller à la tranquillité. Les gardes-du-corps dans un repas donné le premier octobre aux officiers de ce régiment se livrèrent à cette gaîté aimable et franche qui est le caractère distinctif de la nation française. La musique y joua l'air de *Richard cœur de lion* ; la reine, le dauphin, la jeune princesse, Monsieur et Madame, ayant paru au milieu des convives, furent accueillis avec le plus vif enthousiasme ; on porta les santés du roi et de la reine avec l'ivresse du délire qu'inspire l'amour que l'on doit à son roi, et sur-tout à un roi malheureux. La calomnie peignit cette fête sous les couleurs les plus hideuses, et la signala aux Parisiens comme une conspiration contre la liberté.

Dans une ville dont l'état naturel est le désordre et l'anarchie , il suffit de quelques brouillons pour y porter le trouble et la confusion ; et lorsque ces brouillons sont des hommes puissants qui dirigent à leur gré l'opinion et la force publique , qu'ils ont un but marqué , et que les crimes les plus horribles ne leur coûtent rien pour y arriver , il est difficile de marquer le terme de leurs attentats.

Les trois jours qui précédèrent les affreuses journées des 5 et 6 octobre furent employés par les conjurés à colporter les libelles les plus infâmes et à salir les murs de la capitale des placards les plus odieux. Une nouvelle disette fut achetée au poids de l'or, et dès la matinée du cinq octobre, il ne se trouvât plus de pain chez les boulangers; un seul, malgré les menaces des factieux voulut s'obstiner à en vendre, on le traîne au pied d'une lanterne, et il ne dut son salut qu'à l'intrépidité d'un officier de la garde nationale.

Cinq à six mille femmes parcouraient les rues en demandant du pain à grands cris. Dirigées par les conspirateurs, elles arrivent sur la place de Grève, s'emparent de l'Hôtel-de-ville, et elles pillent et bouleversent les bureaux. Le tocsin sonne, la générale bat, des milliers d'hommes se rassemblent, les cris *à Versailles*, *à Versailles*, se font entendre. M. de la Fayette, commandant-général de la garde nationale, monte à cheval et les harangue ; sa voix est étouffée par de nouveaux cris *à Versailles*, *à Versailles*. Il demande à consulter les représentans de la commune, et il en reçoit l'ordre positif de marcher sur Versailles.

Une bande de femmes furieuses, mêlée de quelques forcénés, et commandée par un nommé Maillard avait pris les devans. Cette bizarre armée, couverte de boue, et trempée jusqu'aux os, par une pluie abondante, arrive à Versailles. Elle rencontre quelques gardes-du-corps ; à peine sont-ils aperçus que les coups de fusils les assaillent de toutes parts. Elle se présente à l'assemblée nationale ; Maillard en est l'interprète ; une députation du corps législatif se rend auprès du roi accompagnée de plusieurs de ces femmes. Une d'elles , âgée de dix-sept ans, chargée de la supplique, fut si frappée de la présence du monarque, qu'elle s'évanouit. Le roi la souleva, l'embrassa et lui dit d'instruire le peuple , qu'il allait donner des ordres pour faire venir des grains de Senlis. Leurs commettantes les accusent de séduction , demandent un écrit du roi pour preuve de ce qu'elles avancent, les menacent de la lanterne , s'apprêtent même à les immoler , lorsqu'elles leur sont arrachées par des gardes-du-corps. Louis XVI a la bonté de leur donner signé de sa main , l'ordre qu'il leur avait annoncé verbalement, et munies de cette

cette pièce , elles furent reçues aux acclamations de vive le roi.

Le sang avait déjà coulé , les factieux instruits que les gardes-du-corps ont reçu l'ordre de ne pas tirer sur le peuple , quand même ils seraient attaqués , ne rougissent pas de les insulter. Ils pointent contre eux des canons chargés à mitraille , un coup de feu cassa le bras au brave Savonières. A minuit la garde nationale de Paris arrive à Versailles , le général la Fayette se rend chez le roi , lui répond de tout sur sa tête et va se livrer à un imprudent repos.

Les conjurés ne dormaient point , ils profitent des ombres de la nuit pour corrompre les soldats du régiment de Flandres , et encourager leurs suppôts aux attentats que l'aurore devait éclairer ; ils répandent l'or avec

D

profusion , ils président aux orgies où les assassins cherchent l'oubli du re- mords dans les boissons enivrantes , ils haranguent les grouppes , les exci- tent contre les gardes-du-corps , et par les calomnies les plus atroces, ils cher- chent à envenimer l'esprit de la popu- lace contre la reine. On remarqua parmi ces instigateurs , le premier Prince du Sang , les habitués du club de Montrouge et plusieurs membres de l'assemblée, qui payèrent cher en- suite leur assentiment à ces scènes de férocité.

Dès six heures du matin , le cri de mort aux gardes-du-corps , est proféré par une multitude composée de bri- gands venus de Paris , de ceux de Versailles , de plusieurs femmes hi- deuses et d'hommes grotesquement revêtus des habits de femmes. Cette horde effroyable fond sur le château , égorge les gardes-du-corps à qui la résistance est défendue , escalade les escaliers , enfonce les portes de l'appartement où reposait la reine ; un garde , l'immortel Déricour , violant par dévouement sa consigne , combat , tombe , expire , et la reine à demi-nue , échappe à ses bourreaux.

Furieux de voir leur proie leur échapper , de ne pouvoir assouvir la soif du sang royal qui les dévore , ils entr'ouvrent avec leurs piques ensanglantées le lit de cette princesse , le déchirent à coups de sabre et de poignard ; se dirigent vers l'appartement qui renfermait le roi , la reine et ses enfans , et ne dissimulent point dans des horribles imprécations , leurs abominables projets.

Dans cette affreuse conjoncture le marquis de la Fayette arrive à la tête de la garde nationale, il repousse cette immonde canaille, fait évacuer le château et délivre quinze gardes-du-corps sur le point d'être massacrés.

Cependant les forcénés ne cessaient de vomir les blasphèmes les plus outrageans, et tiraient des coups de feu contre les croisées de l'appartement où se trouvait réunie la famille royale. La reine était placée auprès d'une de ces croisées, un ministre, M. de la Luzerne, s'aperçoit les dangers qu'elle court, et il se met entr'elle et la fenêtre. La reine le regarde avec attendrissement et lui ordonne de se retirer, sous prétexte que le Roi a besoin de conserver un serviteur aussi dévoué.

La furie des assassins n'était point calmée, ils rencontrent des gardes-du-corps qui fuyaient dans le parc, ils les arrêtent et les traînent par les cheveux jusques sous les fenêtres du roi. Le monarque se précipite sur son balcon , il demande la grace de ces gardes fidèles , et les gardes nationales les arrachent des mains des égorgeurs.

Dans ces entrefaites , les écuries des gardes avaient été pillées , ces chevaux fougueux indignés de leurs nouveaux cavaliers , les renversent dans la boue , dans leur course impétueuse ils répandent l'effroi au milieu de cette canaille et semblent venger l'injure faite à leurs maîtres.

Des clameurs frénétiques demandent la reine ; elle paraît sur le balcon environnée de ses enfans. Le cri sinistre *point d'enfans* se fait entendre sur tous les points de ce champ de carnage. Seule , elle reparaît sur le balcon , et pas un des milliers de bourreaux payés pour attenter à ses jours, n'ose donner le signal du crime. Tant de magnanimité imprime un sentiment contraire à la masse du peuple , le cri de vive le roi , vive la reine , porte la consternation dans l'ame des conjurés ; on les entendit se dire entr'eux , le coup est manqué.

Dès-lors la scène prit un aspect plus rassurant , les gardes-du-corps et les gardes nationaux fraternisèrent. Les conspirateurs ayant manqué leur but , mirent à profit la présence du peuple de Paris à Versailles . pour entraîner le roi dans la capitale , où par l'ascendant qu'ils exerçaient sur la populace, ils renoueraient le fil de leurs trames odieuses. Un seul individu fait entendre , *le Roi à Paris ;* ce cri d'abord faible et ensuite répété de bouche en bouche , devient général. Louis XVI demande à consulter l'assemblée nationale et désire qu'elle vienne tenir ses séances au château. La proposition en est faite à l'assemblée , Mirabeau s'y oppose. « Il n'est pas de votre dignité , » dit-il , il n'est pas même sage de » déserter notre poste , au moment » où des dangers imaginaires ou réels , » semblent menacer la chose publi- » que. » Privé de ce secours , le Roi n'hésita plus , et fit annoncer à l'armée parisienne qu'il se rendait à ses vœux.

Une députation de cent membres de l'assemblée accompagna le roi dans ce triste voyage. Mirabeau s'était fait inscrire sur la liste , le président Monier eut le courage de l'effacer. Les mêmes furies , qui la veille avaient précédé la garde nationale de Paris , ouvrent la marche ; elles annoncent qu'elles amènent *le boulanger , la bou-*

langère et le petit mitron. Non loin d'elles marchaient tête nue , les officiers dont le Roi avait obtenu la grace. L'on voyait au milieu de ces grouppes de brigands et de captifs , des bourreaux , les bras nus et ensanglantés , portant au bout de leurs piques les têtes des héros qui venaient de périr , victimes de leur noble dévouement. Ensuite venaient l'armée parisienne , les voitures des députés et de la famille royale. Le Roi avait auprès de lui deux archevêques de son conseil, et des femmes cannibales criaient, *tous les évêques à la lanterne.* Un coup de fusil fut tiré sur la voiture de la reine. Le maire Bailly, étant venu complimenter le roi , à la barrière , ne craignit pas d'appeler , *un beau jour* , l'affreuse journée qui devait éclairer un régicide , et où un roi , reconnu par la France entière , pour le père de son peuple , était emmené esclave , en triomphe par ses assassins.

Louis XVI descendit à l'Hôtel-de-ville , de là il se rendit au palais des Tuileries , aux acclamations de ce même peuple , qui la veille , l'aurait laissé lâchement égorger.

CHAPITRE III.

EXIL du duc d'Orléans. Assassinat d'un Boulanger. Punition de ses meurtriers. Agitation dans plusieurs villes. Club des jacobins. Supplice du marquis de Favras. Division de la France en Départemens. Vengeance terrible d'un horloger de Senlis. Liste civile. Discours du Roi à l'assemblée. Rayon d'espérance. Il s'éteint. Troubles dans les provinces.

LE château des Tuileries ne sera désormais qu'une prison magnifique, où l'infortuné Louis XVI gardé à vue par les révolutionnaires , supportera avec résignation leurs nombreux outrages. Cependant les Parisiens étaient dans l'ivresse de posséder le roi , une foule immense remplissait le jardin des Tuileries , et montrait une extrême avidité de jouir de sa présence , et dès

qu'il se montrait aux galeries , les acclamations étaient universelles autant
pour lui que pour sa famille. Le Roi
séduit par ces témoignages d'affection
déclara qu'il fixerait son séjour dans la
capitale et par une proclamation il
chercha à atténuer dans l'esprit des
étrangers et des provinces , les justes
préventions qu'avaient fait naître contre les Parisiens les odieuses journées
des 5 et 6 octobre.

La terreur qu'avaient inspiré de pareilles horreurs avait considérablement
accru le nombre des émigrés. Des
membres de l'assemblée même furent
chercher un refuge dans l'étranger , et
malgré les assurances que leur donnèrent les représentants de la commune ,
que leurs personnes étaient inviolables
et sacrées , ils ne se crurent pas en
sûreté dans une ville dont les habitans

ne respectaient pas la liberté de leur roi. Leur retraite fut justement blâmée , car par leur éloquence , ils auraient pu déployer une opposition victorieuse aux décrets révolutionnaires qui accélérèrent la chûte du trône.

Les conjurés n'abandonnant pas leurs sinistres desseins en avaient fixé l'accomplissement au 19 octobre. Le marquis de la Fayette en fut instruit , il avertit le roi des nouveaux dangers dont il était menacé , lui signala son Cousin comme le principal instigateur de tous ces attentats , et le lui dénonça comme étant convaincu de monopole sur les grains ; que par-tout il en interceptait la communication , et qu'il avait fait passer une partie de nos blés dans les îles de Gernesey , qu'en ouvrant ou resserrant à son gré tous les greniers , il semait les alarmes et disposait

posait de la volonté du peuple , qu'une nouvelle sédition plus dangereuse que la dernière , allait bientôt éclater et qu'il fallait que le duc d'Orléans sortît de France ou lui. Philippe fut éloigné ; une mission secrète qui lui fut donnée pour l'Angleterre cacha la cause de son exil.

La sédition eut lieu le 21 octobre , un boulanger en fut la victime ; cette émeute hâta la promulgation de la loi martiale , et les deux assassins du malheureux boulanger et un ouvrier convaincu d'avoir provoqué un soulèvement dans les faubourgs , furent pendus.

Mirabeau parut avoir abandonné la cause sacrilége du duc d'Orléans. Pour donner au peuple de nouvelles preuves de sa popularité et pour s'attacher un homme , dont l'éloquence impétueuse lui assurait la victoire dans l'assemblée , le roi fut sur le point de le nommer ministre. Il n'attendait plus pour lui donner le porte-feuille , que le corps législatif eût décrété que les ministres auraient voix consultative dans les délibérations. Mirabeau se chargea de cette proposition et la développa avec beaucoup de talens ; mais les révolutionnaires s'y opposèrent vivement et firent décréter que nul membre ne pourrait parvenir au ministère pendant le cours de la session.

Les insurrections continuaient toujours à agiter les provinces ; à Toulon , le comte Albert de Rioms failli être assassiné ; à Marseille , l'on fut obligé de déployer le drapeau rouge ; à Lyon, un faubourg se souleva , il fallut employer la force pour le soumettre.

La spoliation de l'Eglise ayant été

décrétée, ses biens furent mis à la disposition de l'état. Les parlemens dont on craignait l'influence, et qui par des oppositions énergiques aux actes de l'assemblée, destructeurs de l'ancien ordre de choses, venaient de déployer une grande fermeté, furent déclarés en vacance, jusqu'à la nouvelle organisation judiciaire. Les novateurs en les prorogeant jusqu'à ce que la France cesserait d'être divisée en grandes provinces, leur porta un coup mortel.

Les fondemens du club infernal, dit *des jacobins*, furent jetés. Quelques députés louèrent la salle qui avait servi de bibliothèque aux religieux de ce nom. Cette réunion composée des membres les plus ardens et les plus exagérés de l'assemblée prit la dénomination de société des amis de la constitution. Et là, ils préparaient les motions et les mesures dont le parti avait besoin pour triompher dans lé corps législatif, ils dirigeaient à l'extérieur les esprits dans le sens de la révolution ; ses séances furent rendues publiques, des affiliations eurent lieu avec des sociétés subalternes qui furent établies dans les provinces, et de son sein sortaient ses émissaires, qui répandus dans tous les cafés, sur toutes les places, y prêchaient la doctrine nouvelle, présidaient aux combats, aux insultes, et faisaient assommer ou précipiter dans les bassins des Tuileries ou du Palais royal, par une populace qu'ils avaient rendue furieuse, tous ceux qui osaient attaquer les principes qu'ils voulaient faire triompher.

Pour donner au peuple le spectacle du supplice d'un aristocrate, ils imaginèrent une conspiration. Le marquis de Favras fut accusé d'être à la tête d'un complot , tendant à enlever le roi , et à faire assassiner Necker , la Fayette et Bailly ; pour donner plus de poids à leurs atroces combinaisons , ils calomnièrent Monsieur , frère du roi ; ce prince fut obligé de se venir justifier à la commune ; et l'infortuné Favras , fier de son innocence dont il protesta jusqu'à la mort , périt , parce que ses juges n'eurent pas le courage de l'absoudre.

Un décret substitua quatre-vingt-trois départemens aux anciennes provinces. La France fut divisée telle qu'on la voit aujourd'hui. Trois départemens sont ajoutés au quatre-vingt-trois. Le département de Vaucluse dont font parties l'ancien Comtat d'Avignon , le Comté-Vénaissin, et une partie de la Provence. Le département de Rhône-et-Loire , a été partagé en deux , le département du Rhône et celui de la Loire , qui ont pour chefs-lieux Lyon et Montbrison. La ville de Montauban est devenue le chef-lieu du troisième , qui porte le nom de Tarn-et-Garonne , et qui est composé de plusieurs portions des départemens limitrophes.

Un événement déplorable affligea la ville de Senlis ; un horloger guidé par un sombre désespoir , conçut un projet horrible. Ayant sans doute à se plaindre du corps des Arquebusiers , il en résolut la destruction. Au moment où cette compagnie défilait sous ses fénêtres , il en tue et en blesse plusieurs à coups de fusil ; sa maison qu'il avait barricadée ayant été forcée , il s'y défend à outrance , fait mordre la poussière aux plus hardis, et lorsque accablé par le nombre , il se voit pris , il met le feu à un baril de poudre caché sous de sarmens , et entraîne avec lui dans la tombe une vingtaine de ses ennemis.

L'année 1790 parut s'ouvrir sous de plus heureux auspices. Le roi fut complimenté avec le plus grand appareil ; la liste civile fut portée par acclamation à vingt-cinq millions ; il vint lui-même sans aucune cérémonie , au milieu de l'assemblée ; le discours qu'il y prononça est un monument de sagesse. Il y fit le tableau de tout ce qu'il avait fait pour fonder la liberté publique , tous les obstacles qu'il y avait rencontrés , fit vivement sentir que la noblesse acquise par des brillans et utiles services ne pouvait être méconnue par une nation jalouse de sa gloire , recommanda le respect de la religion , invita l'assemblée à s'occuper de l'affermissement du pouvoir exécutif, déplora les égaremens et les excès populaires, promit d'élever son fils selon l'esprit de la constitution, et termina son discours par ces mots : « Ne professons tous, je vous en donne » l'exemple , qu'une seule opinion, » qu'un seul intérêt , qu'une seule vo- » lonté, l'attachement à la constitution » nouvelle et le désir ardent de la » paix , du bonheur et de la prospérité » de la France. »

Ce discours prononcé par un roi , connu par des vertus éminentes et une grande bonté , dont la prononciation était pure et la voix belle et sonore , excita une ivresse générale. De longs applaudissemens interrompirent souvent le monarque. La joie fut universelle ; les Parisiens illuminèrent en signe d'alégresse. Un nouveau

serment ainsi conçu : « Je jure d'être
» fidèle à la Nation , à la Loi et au Roi,
» et de maintenir la constitution dé-
» crétée par l'assemblée nationale et
» acceptée par le Roi , » fut prêté par
l'assemblée entière , toute la France
le prêta après elle. Un Te Deum fut
chanté en réjouissance de cet heureux
événement , et le roi pour dissiper la
défiance que l'on avait inspirée à la
portion du peuple la plus facile à sé-
duire , se promena dans Paris , visita
souvent les faubourgs populeux , fit
distribuer des secours aux indigens ;
partout la satisfaction fut générale , et
des acclamations nombreuses lui expri-
mèrent la joie du peuple.

L'espérance qu'avait fait naître cette
journée s'évanouit comme un songe.
Vainement M. Mallouet demanda que
l'on s'occupât des principaux objets

que le roi avait mis sous les yeux de l'assemblée. Un ordre du jour fit connaître que les révolutionnaires n'abandonnaient pas leurs sinistres desseins.

L'intérieur du royaume était toujours dans l'agitation ; à Lyon, l'on se battait dans les rues, il y eut plusieurs morts et l'arsenal fut pillé. Dans la Bretagne, les membres du parlement, regardés comme des traîtres, fuyaient leurs propriétés incendiées ; à Béziers, la populace se soulève, enfonce les portes de l'Hôtel-de-ville et massacre les employés aux droits des gabelles.

Parmi toutes ces calamités, l'égarement et l'ignorance du peuple étaient tels, qu'il en résultait quelquefois de ces événemens qui semblent jeter du merveilleux dans l'histoire, et qui malgré leur originalité n'en doivent pas moins être décrits , autant parce qu'ils égayent le lecteur , que parce qu'ils délassent l'historien.

Les paysans de Villers-Sarlay , remarquant qu'ils ne voyaient plus des ordres publiés de par le roi , instruits par la déclaration des droits de l'homme qu'ils étaient libres , résolurent de se nommer un roi , auquel ils donnèrent trois ministres , dont l'un fut appelé *Necker.* La garde de Sa Majesté , fut la milice villageoise. Le bois qui était affecté pour la Communauté de Villers-Sarlay , ayant été trouvé trop menu , le roi et son conseil décidèrent qu'il fallait en couper dans une autre forêt en réserve. En conséquence la nouvelle Majesté nomma des officiers pour présider à la coupe. Les gardes-forestiers voulurent s'y opposer ; mais les gardes du roi , les arrêtèrent et les auraient pendus , sans la clémence royale , auquel ils s'appelèrent. Ils en furent quittes pour être roulés dans la boue et chassés à coups de pierre et de balai par les dames de la cour. Fier de ee coup de main , le monarque et ses ministres déclarèrent la guerre au seigneur du lieu , et annoncèrent qu'ils allaient commencer les hostilités par abattre une forêt , lui appartenant. Le marquis de Langeron, commandant de Besançon , envoya des troupes pour arrêter ce nouveau genre de désordre dans sa naissance. Le Roi de Villers-Sarlay , instruit du nouvel adversaire qu'il a sur les bras , ne s'épouvante point , il appelle aux armes ses nombreux sujets , place de fortes gardes à toutes les avenues et attend fièrement l'ennemi. Cependant les troupes de ligne, à leur arrivée , virent replier

plier les divers postes sur le village où ils semèrent l'épouvante. Le monarque , sa cour et ses sujets prirent la fuite à travers les champs ; la reine surprise dans son lit est arrêtée et conduite à pieds en sabot à Salins , en prison. Il ne se tira pas un coup de fusil, et tout se termina sans effusion de sang.

F

CHAPITRE IV.

DÉPOUILLEMENT du Clergé. Insurrection de
Marseille. Livre rouge. Camps fédératifs dans
plusieurs provinces. Assignats. Nouvelle organisation judiciaire. Discussion sur le droit de
faire la paix ou la guerre. Emeute sanglante
dans plusieurs villes. Massacre des catholiques
de Nîmes. Abolition des titres de noblesse.
Députation du genre humain. Fête de la fédération du 14 juillet.

La révolution marchait à pas de
géant , la pénurie des finances et
l'impossibilité du recouvrement des
impôts entravaient le ministère et
ôtaient toute la force du pouvoir exécutif. Le déficit s'accroissant tous les
jours dans une effrayante porportion ,
l'assemblée décréta que quatre cents
millions de biens ecclésiastiques se-

raient mis en vente pour combler cet abîme , et quatre cents millions de billets qui ne devaient point avoir un cours forcé , furent créés et hypothéqués sur ces biens. Le clergé prévoyant le coup funeste que leur portait cette loi , offrit d'ouvrir un emprunt de quatre cents millions , dont il payerait les intérêts en remboursant le capital. On fut sourd à cette offre généreuse. Sa ruine était résolue. Les religieux furent forcés à sortir de leurs cloîtres , et ils n'obtinrent que de modiques pensions pour dédommagement des pertes immenses qu'ils essuyaient.

Les décrets qui veillaient à la conservation des propriétés et au maintien de l'ordre , étaient méprisés ou éludés , tant la faiblesse du corps législatif était grande lorsqu'il s'agissait du bien public , tandis que sa puissance devenait tous les jours plus colossale quand il fallait renverser , détruire , abattre ce qui mettait obstacle aux progrès de l'anarchie. Un décret rend les communes responsables des pertes essuyées par suite des émeutes , et les scènes de désolation continuent à faire de la France un vaste champ d'incendie. Marseille , qui depuis devint le foyer du brigandage , avait un magistrat qui , secondé des gens de bien , contenait les factieux , attaqué par Mirabeau, il fut destitué. Un grand nombre d'étrangers affluaient dans cette ville ; tous les fugitifs d'Italie , de Gênes , de la Corse y trouvaient du travail et un asyle , et lorsque les chefs de la faction ne furent plus contenus par l'administration forte de M. de Bournissac , il recrutèrent aisément de nombreux auxiliaires ; avec leur aide , il s'emparèrent des forts , massacrèrent M. de Bausset , major du fort Saint-Jean, et commencèrent ces horribles pendaisons , dont cette ville fut si long-temps souillée.

Une nouvelle injure vint affliger le cœur du Roi. Necker ayant eu la faiblesse de donner communication à l'assemblée du fameux Livre rouge , sur la promesse solennelle de Camus , qui en était l'organe , qu'elle ne lui donnerait aucune publicité. Violant sa promesse , elle en ordonne l'impression , par là , fait connaître les pensionnaires de la cour , les livre à la haine d'un peuple jaloux , et calomnie les intentions du monarque.

Dans toutes les provinces, les gardes nationales formaient des camps fédératifs. Un point central était choisi , toutes les villes et villages circonvoisins y envoyaient de nombreux détachemens armés , qui réunis , fraternisaient , prêtaient le serment civique et juraient de se donner des secours mutuels ; là , des tribuns du peuple , dans des discours où respiraient la haine de l'ancien ordre des choses , affermissaient leurs auditeurs dans les nouveaux principes.

L'on ne rougissait plus dans le sein de l'assemblée , de la haine du christianisme ; les disciples du philosophe de Ferney , rivalisaient d'acharnement *pour écraser l'infâme*. Un membre demande que la religion catholique demeure toujours le religion de l'état. Cette proposition fut écartée comme inutile , et les défenseurs de la religion , furent honnis , insultés par une populace furieuse , et sans la prudence de M. de la Fayette , qui avait fait doubler la garde , elle se serait portée à de nouveaux excès.

Les assignats , les assignats était le cri chéri des agitateurs. Ils existaient déjà , mais ils n'avaient point un cours forcé. Il fallait pour consolider la ré-volution , créer une monnaie imagi-naire ; il fallait achever de corrompre l'armée , avoir des agens dans toutes les villes , payer une populace avide de troubles , et que l'on ne pouvait mobiliser sans lui donner le salaire convenu , et l'on proposa le cours forcé des assignats. Vainement l'abbé Maury , tenant en mains des billets du fameux Law , s'écrie : « Les voilà , » ces papiers désastreux , couverts des » larmes et du sang du peuple ! les » voilà ces papiers qui doivent être » placés comme des fanaux pour mar-

» quer les écueils contre lesquels » peut se briser le vaisseau de la pa- » trie. » Vainement cite-t-il l'exemple de l'Amérique , où une paire de botte coûtait trente-six mille francs , et un soupé donné à quatre personnes cinquante mille écus. Une foule d'hommes effrénés environnent la salle, ils demandent à grands cris , les assignats. La proposition fut décrétée , et les députés qui s'y étaient opposés furent en butte aux outrages populaires.

Cependant le mois de mai , terme de l'expiration de la plupart des mandats , approchait. Plusieurs membres demandèrent que l'assemblée termina ses travaux , que l'achévement de la constitution fût confié à une nouvelle assemblée , et que cette constitution fût soumise à la sanction du peuple. Mirabeau s'y oppose avec impétuosité ,

il rappelle le serment du jeu de paume, où l'on a promis de ne point se
séparer sans avoir sauvé l'état, il jure
que l'assemblée a sauvé la France,
qu'elle doit rester debout pour consolider son bonheur, et le corps législatif déclare que les pouvoirs de ses
membres dont la mission aurait été
limitée, sont regardés comme subsis-
tans jusqu'à l'achévement de la constitution.

Les parlemens détruits, il fallait
une nouvelle organisation judiciaire.
L'établissement des jurés dans les
matières criminelles eut un assentiment
général ; mais lorsqu'on vint à la question délicate, si les juges seraient
nommés par la peuple ou par le roi ;
de violens débats s'élèvent. « Si la
» justice, dit M. de Cazalès, qui unit
» les peuples et les rois, est séparée

» du trône , l'anéantissement de l'au-
» torité royale est infaillible , elle
» n'aura pas assez de force pour faire
» punir les crimes , et les juges trem-
» bleront sur leurs siéges , devant le
» peuple qui les aura élus. » Ces paroles ne firent aucun effet sur des hommes conspirant la ruine de la monarchie , et l'on décréta que les tribu-
naux seraient nommés par le peuple.

Des difficultés survenues entre l'Angleterre et l'Espagne , obligèrent le
Roi à ordonner l'armement de quatorze
vaisseaux, pour soutenir son allié , et
à demander les subsides nécessaires
pour cet armement. Les factieux pro-
fitèrent de cette communication pour
s'opposer à ce que le roi eût le droit
de faire la paix ou la guerre. Mirabeau
reculant devant l'abîme dans lequel
on voulait ensevelir la monarchie ,

soutint les droits du trône. Ses anciens complices le vouèrent à la mort, et une insurrection fut préparée pour la lui donner. Le grand directeur des émeutes, Maillard, le conducteur des furies parisiennes à Versailles, en était le chef. Déjà la corde fatale était prête , l'on publiait dans Paris , *la grande trahison du comte de Mirabeau* ; heureusement pour lui que le marquis de la Fayette arriva avec des canons. Le bouillant orateur méprisant les clameurs menaçantes de la multitude , déclare qu'il sortira triomphant ou en lambeaux de la discussion, et dans un discours regardé comme un de ses chefs-d'œuvres , il fait entendre ces mots : « Je sais qu'il n'y a qu'un pas » du Capitole à la Roche-Tarpéienne ; » mais l'homme qui combat pour la » raison , pour la patrie, ne se tient pas

» si aisément pour vaincu. » Et le décret qu'il avait proposé , passa sauf de légers amendemens.

Les provinces continuaient d'être le théâtre des soulèvemens populaires. A Valence , le vicomte de Voisins est assassiné pour avoir fait emprisonner un soldat insubordonné. Le peuple de Montauban prenant une autre direction , se déclare l'ennemi des spoliateurs du clergé ; un combat s'engage entre les deux partis , le sang coule et cinq personnes périssent ; la garde nationale de Bordeaux marche contre Montauban , les communes voisines de cette ville offrent de voler à son secours , la municipalité envoie une députation au-devant des Bordelais , pour arrêter leur marche et prévenir une guerre civile. Ils s'arrêtent à Moissac , le calme renaît à Mautanban et la

garde

garde nationale de Bordeaux retourne dans ses foyers. A Vitteaux en Bourgogne, un vieillard de soixante - quinze ans, M. de Sainte-Colombe, est égorgé au milieu d'une assemblée publique, dont, comme doyen d'âge, il était président. Dans le Bourbonnais et dans le Forez, les grains deviennent le prétexte d'émeute et de pillage, et la disette n'en devient que plus forte. A Marseille et à Montpellier l'on démolit les fortifications qui menacent la ville. La Saintonge voit ses châteaux la proie des flammes. Avignon, ville enclavée dans la France et soumise à la domination du Pape, est désolée par les excès les plus déplorables. (Je reviendrai sur cette ville, à qui je consacrerai un chapitre particulier, vu les rapports des révolutions de ce malheureux pays avec celles de France). Le sang coula à grands flots dans Nismes. les religionnaires des Cevènes, réunis

G

à ceux de cette ville, au nombre de plus de quinze mille hommes, firent un massacre affreux des catholiques, plus de huit cens victimes du fanatisme furent immolées dans les journées du 13 au 16 Juin. Tous les ecclésiastiques qui tombèrent entre leurs mains furent égorgés, les églises profanées, et toutes les horreurs des guerres civiles du seizième siècle se renouvellèrent. Dans la capitale, les filoux pris en flagrant délit étaient pendus à la lanterne, et bien souvent l'innocent périssait à la place du coupable, qui plus adroit et plus délié que le malheureux qu'il accusait lui-même, s'esquivait après l'avoir fait mettre à mort par une populace furieuse et jalouse de donner une teinte de justice aux crimes dont elle avait pris l'abominable coutume.

Un nouveau triomphe des Plébéïens sur la noblesse eut lieu dans la séance du 19 Juin. Un décret supprima les titres de Duc, Comte, Marquis, Baron, etc. et défendit les livrées et les armoiries. On remarqua dans les antagonistes des nobles, un Baron de Montmorenci, et dans leurs défenseurs, le fils du cordonnier Maury, de Valréas, ce contraste égaya les Parisiens. Cette séance fut honorée de la visite de la députation des quatre parties du Monde. Le Prussien Anacharsis Clootz se présente à la tête d'un nombre considérable d'étrangers, Anglais, Russes, Arabes, Chinois, Indiens, Chaldéens, Maures, Hottentots, Péruviens, etc. etc. Cette députation du genre humain formée de tous les peuples du Monde demande à rendre hommage aux immortels décrets de l'assemblée nationale. « La trompette de la renommée, » dit leur orateur, qui sonna la résur- » rection d'un grand peuple a retenti » d'un pôle à l'autre, et les chants d'a-

» légresse de vingt-cinq millions d'hom-
» mes libres ont réveillé des peuples
» ensevelis dans un long esclavage,
» etc. » Il termina son discours par
demander une place particulière pour
les députés du Monde à la fédération
du champ de Mars, la place fut accor-
dée et le président fit aux représentans de l'Univers, une réponse grave,
prononcée d'un ton solennel, mais
très - comique pour ceux qui connaissaient l'honorable députation du genre
humain. Elle était composée de plusieurs étrangers, de portiers Suisses,
de valets Nègres et de quelques individus qui reçurent douze francs de gra-
tification et qu'on avait affublés de cos-
tumes de carnaval.

La fédération générale de toutes les
gardes nationales du royaume, et des
troupes de ligne, fut fixée au 14 Juillet. Le coup-d'œil de cette fête était
majestueux. L'intérieur du champ de

Mars était occupé par près de cent mille hommes sous les armes ; sur un vaste amphithéâtre on voyait assise l'immense population de la Capitale ; sur une strade près de l'Ecole Militaire on apercevait l'assemblée nationale, au milieu d'elle, le roi, qui semblait dominer sur ce vaste ensemble ; l'évêque d'Autun, environné des 6o aumôniers de la garde nationale Parisienne, célébra la Messe sur l'autel de la patrie ; à l'élévation de l'hostie et au bruit du canon, le serment civique fut renouvelé par le roi, et répété par un million de voix. Ce spectacle était imposant et superbe, les cris de vive le Roi, se firent entendre sur tous les points. La fête se termina au château de la Muette, par des banquets, des danses et une illumination générale.

CHAPITRE V.

Insurrections militaires. Révolte de la garnison de Nancy. Dévouement du jeune Desille. Pillage de l'hôtel de Castries. Belle réponse de la Reine. Camp de Jalès.

L'ARMÉE travaillée dans tous les sens par les démocrates , ne resta pas long-temps étrangère aux divisions intestines. Les fédérations , les clubs , l'ambition des sous-officiers, les comités qui venaient de se former dans chaque régiment , ne contribuaient pas peu à corrompre les soldats. Déjà plusieurs insurrections avaient eu lieu ; à Lille, quatre régimens s'étaient battus les uns contre les autres ; le régiment de Vivarais, en sortant de Bethune pour aller à Verdun , se mutine, s'empare des équipages, de la caisse, des drapeaux , abandonne ses officiers , et retourne à Bethune ; à Avesnes , Royal Liégeois ,

sous le prétexte que les chefs les pri-
vaient de la promenade, forcent les
portes de la ville, et se répandent dans
les campagnes ; à Tarascon, les dragons de Lorraine, refusent de monter
la garde chez M. de Miran, commandant de Provence, et ce général sur le
point d'être victime d'une émeute, est
obligé de prendre la fuite ; les officiers
de Royal Marine, en garnison à Marseille, chassent leurs officiers parce qu'ils
sont gentilshommes ; à Nismes, le régiment de Guyenne soudoyé par les pro-
testans, se baigne dans le sang des catholiques ; à Perpignan, le Vicomte de
Mirabeau, échappe à la fureur de ses
soldats et emporte les cravattes des drapeaux du régiment de Touraine dont
il était colonel, il est arrêté à Castel-
naudary et n'est relâché que d'après un
ordre de l'assemblée vu, sa qualité de
député.

De toutes les révoltes qui eurent

lieu dans les garnisons, la plus déplorable fut celle de Nancy. Sous le prétexte que leurs chefs refusaient de faire le partage de la masse noire, le régiment du Roi, les Suisses de Château-Vieux et Mestre de camp cavalerie se soulevèrent, et réunis à cinq à six cens démagogues de Nancy, ils forcèrent les arsenaux, s'emparèrent de l'artillerie, pillèrent les caisses militaires et assaillirent leurs officiers.

Informé de ces excès, l'assemblée par un décret ne leur donna que vingt-quatre heures pour rentrer dans le devoir, et M. de Malseigne commandant des Carabiniers fut chargé de son exécution.

A peine cet officier est arrivé à Nancy, qu'il est accueilli par les huées et les menaces des soldats rebelles, et ne parvient à s'échapper de leurs mains qu'après avoir couru les plus grands dangers; poursuivi jusqu'à Lunéville, il trouve un appui dans son régiment , qui charge les insurgés et les force à la retraite.

Cependant ce régiment qui venait de donner à son colonel une si grande preuve d'attachement, séduit par les manœuvres des révolutionnaires, se tourne contre lui , l'arrête et le livre aux séditieux de Nancy.

M. de Bouillé , commandant dans cette province , marche contre eux à la tête de trois mille hommes d'infanterie et quinze cents hommes de cavalerie. Les rebelles intimidés , consentent à sortir de Nancy , et à rendre la liberté à M. de Malseigne ; le régiment du Roi sort de la ville. Mais la populace qui avait pillé l'arsenal réunie aux principaux meneurs de la troupe insurgée parviennent à retenir dans sa rebellion le reste des soldats , et lorsque M. de Bouillé se présenta , il fut reçu à coups de canons chargés à mitraille. Un combat sanglant s'engagea, il dura près de trois heures, plus de deux mille hommes y périrent, les rebelles furent vaincus, la discipline suisse fit une justice exemplaire des chefs de la révolte. Les Jacobins appelèrent M. de Bouillé, le bourreau des patriotes, et qualifièrent de traître, M. de la Fayette pour l'avoir loué à la tribune de l'assemblée. Mais les amis de l'ordre rendirent justice au sauveur de la Lorraine ; des fêtes funèbres furent célébrées en l'honneur des soldats et des gardes nationales qui avaient péris en combattant sous ses ordres, des collectes furent faites pour secourir leurs veuves et leurs orphelins, et l'action du jeune Desille qui avait été lâchement égorgé au moment où il venait de se précipiter sur la bouche d'un canon qu'on allait tirer à mitraille, inspira un si vif enthousiasme que l'image de ce jeune héros, devint l'ornement de la beauté.

Le Duc d'Orléans avait quitté l'Angleterre sans la permission du Roi, il prit le prétexte de la fédération, où comme député il devait assister. Il avait demandé à l'assemblée de se justifier ; il arriva, ne se justifia point, et l'assemblée, toute la France, furent plus agitées que jamais.

Les journaux révolutionnaires prêchaient le pillage et l'assassinat, Marat et Camille Desmoulin écrivaient qu'il fallait accrocher huit cens députés aux huit cens arbres des Tuileries. Le palais royal était toujours le quartier général des conjurés. Les duels pour opinion étant venus de mode, l'on vit des députés descendre de la tribune pour aller mettre l'épée à la main, et comme ces affaires partielles tournaient presque toujours à l'avantage des amis de la monarchie, leurs antagonistes résolurent d'y mettre un terme. Un coup d'épée peu dangereux reçu par M. de

Lameth ayant terminé un combat d'o-
pinion entre ce député et M. de Castries ; à peine le résultat de ce duel fut
connu au palais royal, qu'une insurrection y fut rapidement organisée. Les
factieux se portèrent à l'hôtel de Castries, le pillèrent, le bouleversèrent
de fond en comble, jetèrent les meu-
bles par les fenêtres, y mirent le feu,
et ce pillage public, protégé par des
groupes armés, en plein jour, au sein
de la capitale, ne fut ni dénoncé, ni
poursuivi ; tant le système de la terreur commençait à prendre d'empire.

Le Châtelet étant venu demander
un décret d'accusation contre d'Orléans et Mirabeau, comme auteurs,
instigateurs et complices des attentats
des 5 et 6 Octobre, Mirabeau se
défendit comme un coupable triomphant qui veut épouvanter ses juges.
« Le secret de cette infernale procé-
» dure, s'écria-t-il avec l'accent de la
fureur,

» fureur, est enfin découvert, il est là
» tout entier (désignant le côté droit),
» il est dans l'intention de ceux qui ont
» cru trouver une occasion de signaler
» leurs affreux ressentimens; il est dans
» l'iniquité des juges qui se sont ren-
» dus complices de ce dessein ; il est là
» tout entier, tel qu'il sera buriné dans
» l'histoire par la plus juste et la plus
» implacable vengeance. » Cette horrible prophétie, intimida ses accusateurs.
Le député Chabroud, rapporteur dans
cette affaire, s'attacha à prouver que
faire le procès aux journées des 5 et 6
Octobre, c'était le faire à la révolution,
et l'assemblée décréta qu'il n'y avait
pas lieu à accusation contre les deux
prévenus. Dans le cours du procès, la
reine ayant été invitée à déposer sur
ces affreux événemens, elle répondit :
*J'ai tout vu, j'ai tout su et j'ai tout
oublié.*

Le massacre des catholiques de Nismes, les horreurs qui se commettaient dans le Comtat-Venaissin, le triomphe des assassins des 5 et 6 Octobre, indigna des peuples dont les mœurs simples et pures n'étaient point encore façonnées à l'immoralité et à l'irréligion. Les habitans de plusieurs villages du Vivarais et du haut Languedoc se rassemblèrent armés au château de Jalès, et y délibérèrent de veiller à la conservation de la religion et de la monarchie. Les Jacobins de l'assemblée effrayés de cette résistance à leurs principes anarchiques, sonnèrent le tocsin contre le camp de Jalès ; la réunion de quelques paysans leur parut une armée capable d'envahir la France, une croisade fut publiée contre eux, et les gardes nationales et les troupes de ligne qu'on envoya pour les dissiper souillèrent leur marche par le vol, l'incendie et l'assassinat.

CHAPITRE VI.

Changement de Ministère. Serment des Prêtres. Noble dévouement des Députés du Clergé. Compagnies dite du pouvoir exécutif. Persécution des Ministres de la Religion.

A MESURE que l'esprit révolutionnaire achevait de pervertir un peuple déjà corrompu, les idées de morale, de religion, de reconnaissance, lui devenaient insupportables, et les hommes que naguère il encensait et couvrait de couronnes civiques, lui étaient odieux dès qu'ils voulaient mettre un frein au désordre, au brigandage : aussi les ministres dont le Roi s'était entouré et qui lui avaient été désignés par l'opinion populaire furent à leur tour honnis, et devinrent l'objet de la haine de ce même peuple. Necker sortit de France, et l'assemblée qui lui devait sa toute-puissance ne lui donna pas un regret. Le fameux Danton, à la tête d'une députation de la commune et des sections de Paris demande le renvoi des Ministres, ils n'attendirent pas qu'une nouvelle insurrection mît en danger les jours du Monarque, ils donnèrent leurs démissions. Ils furent remplacés par MM. Duportail qui eut le porte-feuille de la guerre ; Fleurieu, celui de la Marine ; Duport Dutertre, les Sceaux ; Delessard réunit le département de l'intérieur aux finances.

Malgré la démoralisation du peuple, il se trouvait encore quelques cantons que les vertus et la force morale des ministres de la religion avaient préservés de la contagion démagogique. Dans le sein de l'assemblée, ceux qui opposaient aux menaces et aux cris de mort, le courage calme, sublime et invincible de la vertu, étaient des prêtres ; ces ennemis de la révolution étaient d'autant plus redoutables, qu'ils ne se présentaient pas au combat le glaive à la main : Frappez, s'écriaient-ils, choisissez parmi nous vos victimes , nous périrons plutôt que de manquer aux devoirs que la religion nous impose.... Pour vaincre tant d'héroïsme, ou se servit d'une ruse infernale. En portant un coup terrible à la religion , se dirent les chefs des conjurés, nos principes ne seront plus repoussés par un peuple soumis aux préceptes de l'évangile, les crimes ne lui feront plus tant d'horreur, il nous sera facile de le porter aux excès dont s'est déjà souillée la populace des villes , et la révolution marchera sans nulle entrave.... D'après ce système machiavélique , ils résolurent de forcer le clergé à se déshonorer ou à abandonner la direction des fidelles, en obligeant les ecclésiastiques de prêter un serment d'adhésion aux nouvelles lois. Les députés du clergé ne s'y refusèrent point ; mais ils dé-

clarèrent qu'ils ne voulaient point tou-
cher à la juridiction spirituelle. Leur
arrêt était prononcé et l'on décréta
qu'ils seraient sur-le-champ interpellés
de faire la déclaration prescrite.

Les tribunes étaient occupées par
les furies et les bourreaux du 5 Octobre, la salle était entourée d'une populace effrénée qui demandait à
grands cris la tête des évêques ; un
décret falsifié, affiché dans tous les
carrefours mettaient au rang des per-
turbateurs les prêtres qui refuseraient
de prêter le serment. Sans être inti-
midé des clameurs menaçantes d'une
multitude furieuse, M. Dusson de Bon-
nac, évêque d'Agen, le premier appelé,
donna sa démission. « Je ne donne au-
» cun regret à ma fortune , dit-il ,
» mais j'en donnerais à la perte de vo-
» tre estime, si en prêtant le serment
» je cessais de la mériter. »

Un curé se leva et dit : « Vous

» voulez nous ramener à la simplicité
» des premiers chrétiens ; je m'y con-
» forme, et je me fais gloire de suivre
» mon évêque, comme Laurent suivit
» son pasteur. »

« J'ai soixante et dix ans, dit l'évê-
» que de Poitiers, et trente-cinq ans
» d'épiscopat ; je ne prêterais point un
» serment qui déshonorerait ma vieil-
» lesse. »

La déclaration de ce vieillard fit une
vive impression sur les membres du
clergé, et hormis quelques curés et
trois évêques, aucun ne répondit à
l'interpellation du président.

Tant de courage et un dévouement
si noble, si pur et si désintéressé de
la part de ces hommes éclairés regardés comme l'élite du clergé de France,
rappela les premiers siècles de l'église,
et leur exemple fut suivi par la grande
majorité des prêtres français ; mais s'ils
furent admirés des vrais fidelles, les
philosophes du dix-huitième siècle ja-

loux de tant de vertus, résolurent d'y ajouter la palme du martyre.

L'esprit de persécution contre les ministres de la religion catholique tenait du fanatisme. Dans les promenades, sur les places publiques on criait haro sur les prêtres; les épithètes de *réfractaires* et *insermentés* devint leur arrêt de mort; des troupes de bâtonneurs sous la dénomination de *compagnies du pouvoir exécutif* se formèrent dans les provinces méridionales, et dans les villes habitées par des calvinistes, elles se portèrent à de plus grands excès. Ces compagnies lanternaient publiquement les prêtres insermentés, fouettaient avec la dernière indécence les jeunes filles qui se fesaient scrupule d'entendre la messe d'un prêtre jureur, pénétraient dans les maisons suspectes de recéler un prêtre réfractaire, et si elles en surprenaient vacant au service divin, elles ajoutaient le sacrilège à l'assassinat.

CHAPITRE VII.

Rassemblemens d'émigrés sur les frontières. Discussion orageuse à l'assemblée. Insurrection du faubourg Saint-Antoine. Mort de Mirabeau.

LES émigrations continuaient ; une grande partie de la noblesse crut qu'il y allait de son honneur de ne pas se rendre auprès des princes ; les uns fuyaient les assassins qui avaient incendiés leurs châteaux , les autres suivaient le torrent de la mode ; mais ce qui accrut considérablement le nombre des émigrans , ce fut le bruit qui s'accréditait tous les jours que le Roi était déterminé à s'éloigner de Paris. Il se formait des corps d'émigrés à Coblentz , à Spire , Treves. Ces mouvemens excitaient la haine des révolutionnaires , et devenaient le prétexte d'une source continuelle de dénonciations et de désordres.

Il fallut un décret de l'assemblée pour autoriser les princesses , tantes du roi , à quitter Paris ; encore furent-elles arrêtées à Arnay-le-Duc , et elles ne continuèrent leur route , qu'après qu'un nouveau décret les y eut autorisées.

On demanda une loi contre les émigrans , Mirabeau qui se rattachait tous les jours avec plus de force à la cause royale , s'y opposa vigoureusement. Il avait l'art de se faire écouter de tous les partis avec le même intérêt , en donnant à son opiñion les tournures démocratiques rarement sortait-il vaincu d'une discussion : *Si vous faites une loi contre les émigrans* , dit-il , *je jure de ne pas obéir.* Les agitateurs s'acharnant à demander cette loi : *Silence aux trente voix* , s'écria-t il , avec l'accent du mépris. L'assemblée ayant décrété l'ajournement et le renvoi de la question à tous les comités réunis. : *Je de-*

mande, ajoute Mirabeau , *qu'il soit décrété que d'ici à l'expiration de l'ajournement , il n'y aura pas d'attroupement ;* et le jour même l'attroupement qu'il prévoyait avait lieu au faubourg Saint-Antoine.

Une populace nombreuse et armée , ayant pour chef le brasseur Santerre, depuis si fameux , s'était portée au château de Vincennes avec l'intention de le démolir. Le général la Fayette marche contre ce rassemblement à la tête d'un fort détachement de la garde nationale, et le dissipe. A son retour , il trouva les barrières fermées, les rues du faubourg barricadées , et les insurgés disposés à soutenir un siége. Le général indigné des dispositions hostiles de ces hordes frénétiques , ordonne la charge , et la multitude qui n'est audacieuse que quand on lui cède , disparut.

Cette insurrection avait répandu la

terreur dans Paris ; on craignait aux Tuileries de voir renouveler les scènes sanglantes de Versailles ; on avait trouvé,
errant dans les appartemens du château , un homme de mauvaise mine ,
armé d'un couteau de chasse. Plusieurs
gentilshommes alarmés des dangers de
la famille royale , se rendirent aux Tuileries pour défendre les jours du Roi
ou périr avec lui. Ces hommes , qui
depuis le principe de la révolution ne
se nourrissent que de calomnies , jaloux de la gloire dont venait de se couvrir la garde nationale , résolurent d'en
ternir l'éclat. Ils lui peignirent les défenseurs du Roi , comme de nouveaux
gardes-du-corps et lui firent entendre
que la cour se méfiait d'elle. Il n'en fallut
pas davantage pour exciter la haine
des bourgeois contre les nobles. Ceux-
ci furent désarmés, chassés du château,
exposés aux huées et aux outrages de
la garde nationale , qui fière d'avoir
vaincu

vaincu les anarchistes , croyait remporter une nouvelle victoire en insultant le roi jusque dans son palais.

La mort de Mirabeau vint ajouter aux malheurs de la France ; cet homme que Necker n'avait pas su connaître , lorsqu'en 1789 il lui offrit de se rendre utile à la cause du roi ; indigné d'en être rebuté avec mépris , irrité contre la noblesse qui l'avait rejeté de son sein , tyrannisé dans sa jeunesse par l'autorité royale dont un père dur se servit pour corriger quelques étourderies ; cet homme , dis-je , jura d'humilier Necker , de détruire la noblesse et d'anéantir l'autorité royale ; il y réussit ; tant dans les révolutions , ceux qui réunissent à une ame forte et ardente , l'intrépidité , l'éloquence et l'art de se rendre chers au peuple sont à ménager. Méprisé de la cour , il se jeta par vengeance dans la faction d'Orléans , la servit avec zèle et mal-

I

heureusement pour sa patrie avec trop de réussite. Cependant Mirabeau aimait la France ; dès qu'il eut reconnu la profondeur de l'abyme qu'il avait creusé lui-même sous les antiques colonnes de la monarchie, il recula épouvanté, et jura désormais d'employer à la sauver, tous les moyens dont il s'était servi pour la détruire. Dégoûté de Philippe dont le peu d'énergie le rendit le manequin et une des victimes de son parti, des révolutionnaires dont les violences l'indignaient, il se jeta franchement dans les bras du roi. Il dirigeait de concert avec le marquis de Bouillé, un plan, qui en réformant la constitution, veillait à la sûreté du trône en l'environnant d'une garde royale choisie dans tous les régimens de l'armée, et qui assurait à la France un gouvernement libre. C'est alors que dans une discusion orageuse, on l'entendit dire, à la tribune des jacobins :

Je combattrai les factieux dans quelques factions et sous quelles formes qu'ils puissent se montrer. Si l'on croit l'opinion du temps, ces quelques mots furent son arrêt de mort. Un crime de plus ou de moins devait peu coûter à des hommes qui n'avaient pu vaincre que par des crimes.

Quelques minutes avant sa mort, voyant la consternation de ses amis : *Ce n'est pas sur moi*, leur dit-il, *qu'il faut pleurer*, *c'est sur la monarchie qui descend avec moi dans la tombe.*

Il fut regretté du roi, du peuple, de ses nombreux amis, de l'assemblée qu'il charmait et qu'il séduisait par la fougue et le feu de ses discours ; les honneurs du Panthéon furent décernés à ses cendres, et par les obséques magnifiques qui lui furent faites, on peut dire que sa mort fut encore un nouveau triomphe.

CHAPITRE VIII.

Opposition des factieux au départ du roi pour Saint - Cloud. Troubles à Saint-Domingue. Influence de l'Angleterre sur ces troubles. Club des amis des noirs. Dévastation de cette colonie. Massacre des blancs.

Depuis l'outrage que l'on avait fait à Louis XVI en insultant ces hommes fidelles qui étaient venu lui faire un rempart de leurs corps, le château des Tuileries devint une espèce de prison d'état, dont il ne pouvait sortir sans craindre de mouvemens populaires. Ce prince s'étant proposé de faire un voyage à Saint-Cloud pour y passer la Semaine sainte et s'y livrer avec plus de recueillement à des exercices de piété, il en prévint l'assemblée nationale ; mais à peine son carrosse est-il sur la place du Carousel qu'une foule de factieux arrête ses chevaux et s'oppose à son départ. M. de la Fayette harangue ces séditieux, il ordonne à la garde nationale de forcer le passage, il est désobéi, et le roi est contraint après cinq quarts d'heures d'anxiétés de rentrer dans son palais. Le général la Fayette indigné d'une pareille indignation et d'une désobéissance à laquelle il n'était pas accoutumé, donna sa démission ; mais sur les instances des Parisiens, il reprit le commandement.

Tandis que la France était tous les jours agitée par de nouvelles commotions, que son roi était continuellement abreuvé d'outrages ; l'Angleterre son éternelle rivale souriant de ces maux, cherchait encore à les agraver. La flamme révolutionnaire incendiait notre plus belle colonie, l'île de Saint-Domingue ; il convenait auparavant d'accorder la liberté aux noirs, le droit de citoyens aux hommes de couleur, de les accoutumer, de les familiariser peu-à-peu avec cette liberté, et de ne leur en accorder la jouissance que progressivement, de crainte qu'ils en abusassent : c'était l'avis de Barnave ; mais Rewbel propose qu'ils aient le droit d'être admis dans les assemblées délibérantes. L'abbé Maury s'y oppose avec force, il déclare qu'il a les plus fortes raisons de croire que Pitt avait répandu des grandes sommes pour faire passer la proposition de Rewbel, il demande que des perquisitions soient faites pour s'en éclaircir, et sur tout que M. de Montmorin, ministre des affaires étrangères, soit entendu. Les clameurs des ennemis de la France le couvrirent de huées, le decret passa, et nous avons perdu peut-être pour toujours cette riche colonie.

Dès le commencement de la révolution, ce pays se ressentit des convulsions de la métropole, des assemblées s'y étaient formées, l'ancienne administration avait été détruite. Les hommes libres se composaient des blancs et des hommes de couleur, ces derniers n'étaient admis à aucune fonctions publiques; humiliés par les blancs et méprisant les noirs, ils s'élancèrent avec ardeur dans la carrière qui leur donnait une existence politique. Une insurrection éclata, ils furent vaincus par les blancs et leur chef périt du dernier supplice. Cependant soutenus par le club des amis des noirs, qui donna dans le piége adroitement tendu par les prétendus patriotes anglais, membres du club du même nom, à Londres, qui dès qu'il virent que l'impulsion qu'ils nous avait donnée, produisait bien au-delà de leurs espérances l'effet qu'ils en attendaient, abandonnèrent leurs protégés; enhardis par le décret de l'assemblée, les hommes de couleur se liguèrent avec les esclaves, leur fournirent des armes, les soulevèrent, et ceux-ci, furieux de l'inhumanité avec laquelle ils avaient été traités par quelques maîtres cruels, et craignant de retomber dans un dur esclavage, ils se livrèrent à tout ce que la rage, la furie et la plus implacable vengeance ont d'atroce, d'horrible et d'épouvantable. La ville du Cap et plus de quinze lieues de pays furent incendiés, on fit un massacre affreux de tous les blancs, et croyant d'en anéantir la race, ils égorgèrent jusque les femmes et les enfans, et exercèrent sur les cadavres de leurs victimes la plus hideuse barbarie.

CHAPITRE IX.

'Actes de rigueurs contre les ennemis de la révolution. Haute Cour Nationale. Divers plans
pour sauver la Monarchie. Evasion du Roi.
Son arrestation. Sa déclaration. Assassinat de
Dampierre. Retour de la famille royale à Paris. Protestation de 290 membres de l'assemblée.

L'ASSEMBLÉE effrayée de l'opposition
qu'elle trouvait dans les militaires, dans
le clergé et dans l'ancienne magistrature , fit signifier au prince de Condé
qui se trouvait à la tête d'un nombreux
rassemblement d'émigrés de rentrer
en France ou de s'éloiguer des frontières dans le délai de quinze jours ,
sous peine d'être déclaré rebelle , in-
digne de succéder à la couronne et
d'avoir ses biens sequestrés ; le cardi-
nal de la Rochefoucault fut décrété
d'accasation pour avoir interdit des

prêtres qui s'étaient conformés aux nouvelles lois ; et un ordre fut donné d'emprisonner les membres des parlemens qui avaient protesté contre les changemens qui les détruisaient. Une haute cour nationale installée à Orléans était chargée de poursuivre et de punir les crimes de lèze-nation.

Tant d'acharnement de la part de l'assemblée à poursuivre les partisans de la monarchie et tant de faiblesse à mettre un terme aux désordres populaires, aux libelles qui tous les jours insultaient à la religion, outrageaient la personne du roi, prêchaient et provoquaient de nouvelles insurrections, détermina Louis XVI à se mettre ainsi que sa famille à l'abri des dangers dont on le menaçait, en quittant la capitale.

Plusieurs plans lui avaient été proposés. Mirabeau avait beaucoup insisté pour que le roi se rendît à Compiègne, qu'il s'y entourât de toutes les troupes fidelles, et qu'un appel fut fait à tous les Français qui voudraient soutenir les droits du trône. Le ministre Montmorin désirait qu'une forte armée étrangère parût sur les frontières, qu'une armée française composée de régimens dévoués lui fut opposée, qu'au lieu de combattre les deux armées n'en fissent qu'une, et que réunie sous le commandement de Louis XVI, elles marchassent sur la capitale. Le roi craignit la présence des étrangers en France et se refusa à ce dernier plan.

Le projet de M. de Bouillé avait quelques rapports avec celui du ministre. Les puissances étaient invitées à former un rassemblement considérable de troupes sur les frontières, la France de son côté pour observer cette armée en formait un autre, composé de régimens au choix de M. de Bouillé qui devait commander l'armée ; le roi devait venir chercher un refuge dans cette armée , non comme un fugitif , mais comme un roi qui se met à la tête de ses troupes , l'assemblée devait être invitée à venir tenir ses séances dans une ville plus rapprochée de l'armée et où elle ne serait plus sous l'influence de la tumultueuse population de Paris. Cette proposition fut faite à l'empereur et au roi de Prusse , ils se refusèrent à aucune démarche jusqu'à ce que Louis XVI eût quitté sa capitale. Cette perfide politique dont ils ont été si violemment punis dans la suite compromettait évidemment le roi de France , cependant il fut forcé de s'y soumettre et il se détermina à s'affranchir du joug des révolutionnaires.

Monsieur, frère du roi, et Madame son épouse précédèrent le monarque et arrivèrent heureusement à Bruxelles.

Le roi, la reine, le dauphin, Madame royale et madame Elizabeth sortirent du château au milieu de la nuit

du

du 20 au 21 Juin. Le long de la route, le roi eut l'imprudence de se mettre plusieurs fois à la portière, et l'on reconnut facilement une figure qui, empreinte sur les assignats était pour ainsi dire, dans la mémoire de tout le monde. Il fut également reconnu par le maître de poste de Châlons qui garda le silence, et par celui de Sainte Ménehoult, Drouet, qui envoya son fils à Varennes pour avertir la municipalité. Le commandant de l'escorte à Sainte Ménehoult voulut faire monter sa troupe à cheval ; le peuple s'y opposa, un seul maréchal-de-logis parvint à s'échapper, et se mit à la poursuite de Drouet fils, mais il ne put l'atteindre, celui-ci ayant pris un chemin de traverse.

Arrivé à Varennes, le roi trouva la ville en insurrection ; le relais, et le détachement qui devait protéger le passage n'y étaient point. Des factieux ar-

K

rêtèrent sa voiture, le forcèrent à descendre et à entrer dans une maison voisine ; le tocsin sonna, les gardes nationales prirent les armes et les rues furent barricadées ; la municipalité se rendit auprès du roi, Sa Majesté leur dit : *Que son intention n'était point de quitter la France, qu'il se rendait à Montmedi, et qu'il désirait continuer son voyage.* Les magistrats furent un moment indécis, mais ne pouvant maîtriser le peuple, ils lui répondirent, qu'ils étaient obligés d'attendre les ordres de l'assemblée nationale.

Dans ces entrefaites, M. de Goguelas envoyé par M. de Bouillé, arrive à la tête d'un fort détachement de hussards ; on lui refuse l'entrée de la ville, et ce n'est qu'après avoir mis pied à terre qu'il parvient à se faire présenter à Louis XVI, qui lui défendit d'employer la force pour le délivrer. Cependant ce brave officier harangua sa troupe pour la déterminer à faire son devoir ; mais ces soldats déjà séduits par les révolutionnaires répondent par les cris de *vive la nation*, au discours de leur chef et déclarent qu'ils ne recevront d'ordre que de l'assemblée. Un aide-de-camp du marquis de la Fayette porteur de ces ordres arriva dans ce moment, et le malheureux monarque fut contraint de remonter en voiture pour retourner dans la capitale.

Six heures après son départ, M. de Bouillé, à la tête de Royal Allemand, et après avoir dispersé les gardes nationales qui avaient voulu mettre obstacle à son passage, arrive à Varennes. Il n'était plus temps, la famille royale environnée d'une armée de paysans que le tocsin avait rassemblés, était déjà loin ; n'ayant avec lui qu'un seul régiment, les autres corps qu'il avait placés en station ayant refusé de le suivre, ce général fut obligé de rétrograder jusqu'à Stenay, d'où il se refugia à Luxembourg, après avoir essuyé des coups de feu de la part des gardes nationales rassemblées sur les frontières. De Luxembourg, il adressa à l'assemblée une lettre menaçante, qui par le peu d'intérêt que les puissances prenaient au sort de l'infortuné Louis, resta sans effet.

Paris, à la nouvelle de la fuite du roi, fut dans une grande consternation. La Fayette accusé par la populace de l'avoir favorisée, courut les plus grands dangers. Le mot *Roi* fut supprimé dans le serment civique, et tous les enseignes et écriteaux revêtus d'inscriptions ou emblèmes royaux disparurent, quelques factieux des plus forcénés, crurent profiter d'un pareil moment, pour demander l'établissement d'un gouvernement républicain ; Malouet les dénonça à l'assemblée, et elle déclara à l'unanimité que la monarchie était le seul gouvernement qui convînt à la France ; cependant la république existait par le fait, le sceau de l'État fut déposé sur son bureau , ses décrets furent exécutés sans la sanction royale, et tous les ministres reçurent leurs instructions d'elle.

Louis XVI en s'éloignant de sa capitale , avait laissé écrite de sa main, une déclaration où en donnant les motifs de son départ , il fesait connaître au peuple tous les sacrifices auxquels il s'était soumis pour lui assurer une liberté sage ; les outrages dont on l'avait abreuvé ; le refus de l'assemblée de travailler de concert avec lui à la constitution ; la nullité du pouvoir exécutif qui le rendait responsable des maux dont la France était accablée sans lui donner les moyens de les prévenir ou de les réprimer; la dictature dont l'assemblée s'était emparée en nommant à toutes les places ou en forçant les ministres de ne nommer que des hommes de son choix. Il se plaignait de de l'empire et l'influence des clubs, qui paralisant la force exécutive et administrative étaient la cause de tous nos malheurs. L'assemblée répondit à ce manifeste par une proclamation, et comme elle était toute puissante on ne doit pas demander lequel de ces deux écrits fit plus d'effet sur la nation ; elle reçut de toutes parts des adresses de félicitation et de dévouement. Le club de Montpellier se distingua en demandant la république et la mort du Roi.

Lorsque l'assemblée fut instruite de l'arrestation de Louis XVI, elle nomma trois députés , Barnave, Péthion, et Latour-Maubourg , pour protéger son retour dans la capitale. Ces députés rencontrèrent les illustres prisonniers près d'Epernay ; ils étaient escortés

par une armée de gardes nationales ;
un malheureux gentilhomme nommé
Dampierre, s'étant approché de la voiture, fut à l'instant massacré sous les
yeux de la famille royale. Des cris sinistres, des menaces de mort contre
les trois gardes-du-corps, liés et gar-
rottés sur le devant du carrosse, des
injures atroces contre la Reine, et des
imprécations violentes, tel était l'ac-
cueil qu'un Prince infortuné recevait
d'un peuple dont il était le Père. Et si
dans cette route pénible les scélérats
ne consommèrent pas l'attentat dont
la France aura bientôt à rougir, c'est
qu'un homme actif et bien intentionné
nommé Dumas, se trouva le chef de
l'escorte.

On avait affiché dans les faubourgs de
la capitale que *quiconque applaudirait
le Roi serait bâtonné, et que quiconque
l'insulterait serait pendu.* Aussi malgré
la foule immense qui se porta pour

jouir du *sublime* spectacle d'un Roi captif et de ses gardes enchaînés ; aucune marque d'approbation ou d'improbation ne se fit remarquer, tant ils étaient retenus les uns par les autres. Le seul M. Guillermy, député, menacé parce qu'il avait la tête découverte, lance au loin son chapeau, pour n'être pas obligé de se couvrir. Quelques cris, *à la lanterne les gardes-du-corps*, furent entendus ; mais la garde nationale les protégea et ils furent conduits à l'Abbaye.

L'Assemblée ayant rendu un décret qui constituait prisonniers aux Tuileries le Roi et la Reine, et qu'elle se continuait à elle-même la puissance exécutive dont elle s'était déjà emparée; deux cens quatre-vingt-dix membres de l'assemblée protestèrent contre une pareille violation de la constitution, ils déclarèrent ne vouloir prendre aucune part aux délibérations qui n'auraient pour objet la conservation de la monarchie qu'ils regardaient comme anéantie, et que néanmoins ils ne donneraient pas leurs démissions pour ne point abandonner les intérêts de la personne du Roi et de la famille royale.

Des commissaires pris dans le sein de l'assemblée furent chargés de recevoir les déclarations du Roi et de la Reine, relatives au voyage de Varennes. Le Roi donna pour motifs de son voyage, les outrages et les menaces dont on l'avait accablé le 18 Avril ; il dit que son intention était de ne point sortir du royaume, qu'il devait se rendre à Stenay, et qu'il avait choisi cette place pour être intermédiaire entre les alliés et la France. La Reine dit qu'elle devait suivre le Roi et que rien dans la nature n'aurait pu l'empêcher de le suivre, qu'elle avait l'assurance qu'il ne devait point sortir du royaume, et que s'il en avait eu le désir elle aurait employé tout l'ascendant qu'elle pouvait avoir sur lui pour l'en empêcher. Leurs Majestés déclarèrent également que les personnes qui les avaient accompagnées n'avaient agi que par leurs ordres et sans connaître la destination du voyage.

CHAPITRE X.

Tentative pour établir la République. Opposition de l'Assemblée. Sédition du Champ de Mars. Loi Martiale. Dispersion des Insurgés. Club des Feuillans.

Tandis que la famille royale enfermée dans le Château attendait avec résignation le sort dont elle était menacée, les factieux profitant de l'état de crise où se trouvait la France par la concentration de tous les pouvoirs dans une assemblée orageuse, résolurent de frapper le grand coup de la destruction de la royauté. L'assemblée par son décret du 15 juillet avait décrété d'accusation le marquis de Bouillé et tous ceux qui avaient coopérés à l'évasion du Roi, et malgré les fortes réclamations de Péthion, Roberspierre qui voulait y faire comprendre Louis XVI ; Barnave, Lameth, Duport revenus à des sentimens plus modérés plaidèrent avec énergie la cause de la monarchie, et les chefs des démagogues, malgré qu'ils eussent comparé le vertueux monarque aux Néron, aux Caligula, aux Sardanapale, ne retirèrent de leurs odieuses motions que le mépris de la masse de l'assemblée. Furieux d'avoir échoué dans leur criminelle entreprise, ils eurent recours à leurs manœuvres familières, un mouvement séditieux fut organisé. Ils préludèrent par demander le jugement et l'abdication de Louis XVI ; cette demande ayant été rejetée comme inconstitutionelle, ils arrêtèrent qu'une pétition serait faite aux départemens pour que la conduite du Roi fût soumise à leur jugement. Brissot et Laclos l'agent intime de d'Orléans la rédigèrent ; ils la furent

signer

signer dans les rues, sur les places, dans tous les lieux publics, jusques aux femmes et aux enfans ; ils formèrent des attroupemens qui se portèrent aux spectacles et les firent fermer ; mais la garde nationale qui se trouvait à l'Opéra les ayant dissipés, ils ajournèrent au lendemain leur projet.

Dans l'intention de soulever le faubourg Saint-Antoine, les séditieux se réunirent sur la place de la Bastille ; mais en ayant été chassés par la garde nationale, ils se dirigèrent au Champ de Mars, entraînèrent avec eux tous les oisifs et curieux qu'ils rencontrèrent sur leurs pas. Ils avaient pour chefs Danton, Camille Desmoulins et quelques autres qui se tenaient encore derrière le rideau.

Arrivés au Champ de Mars, ils trouvèrent assis et déjeunant à l'ombre de l'autel de la Patrie, deux individus que l'ardeur du soleil avait forcés à y chercher un abri : il fallait des têtes au bout des piques pour porter la terreur dans Paris, on les égorge, on leur coupe la tête et l'on se dispose à venir épouvanter les paisibles habitans de la capitale de leurs sanglans trophées.

L'assemblée effrayée lance un décret contre les attroupemens ; la loi Martiale est proclamée, et le général la Fayette arrive au Champ de Mars à la tête d'un détachement ; un furieux lui tire un coup de pistolet, et le manque. Ce général trouvant son détachement trop faible pour en imposer à une foule immense de frénétiques, retourne dans Paris et se réunit au Maire, qui arrivait à la tête de la garde nationale , le terrible drapeau rouge déployé. A peine sont-ils arrivés, que les cris *à bas les bayonnettes , à bas le drapeau , à bas les habits bleus*, se font entendre , des coups de pierres , de feu assaillent de toutes parts les gardes nationaux , ceux-ci ne pouvant se contenir répondent par une fusillade qui se prolongeant sur toute la ligne laisse quelques morts , et plusieurs blessés sur la place qui fut de suite évacuées par les pétitionnaires. Les canonniers allaient tirer sur cette troupe fugitive si M. de la Fayette ne s'y était opposé. Quelques-uns des fuyards emportèrent des cadavres, et les portant dans les rues de Paris , ils tâchaient d'émouvoir et d'exciter la vengeance du peuple ; la garde nationale en rentrant leur ôta tout espoir de nouvelles émeutes. dans son indignation, elle voulait abattre la salle des Jacobins, qui resta déserte pendant plusieurs jours. L'individu qui avait voulu assassiner le marquis de la Fayette, ayant été arrêté, ce général eut la générosité de le faire remettre en liberté.

Parmi ceux qui furent arrêtés par suite de cette insurrection, on remarquait des étrangers que l'opinion d'alors accusait d'être les agens de diverses puissances. Pendant plusieurs nuits les postes, patrouilles et sentinelles de la garde nationale eurent à craindre des assassinats nocturnes.

Le triomphe du parti constitutionnel sur les anarchistes fit déserter totalement la salle des Jacobins ; Roberspierre, Péthion et Buzot furent les seuls qui restèrent, les autres députés se réunirent aux Feuillans ; mais dans la suite l'audace des démagogues et la faiblesse des amis de la constitution, ayant été mise à l'épreuve, le premier club reprit son empire accoutumé, et le nom de Feuillans devint un titre de proscription.

CHAPITRE XI.

Armemens des Puissances étrangères. Levée de deux cens mille hommes. Agitation dans l'intérieur. Crime atroce commis sur le sieur Guillin. Apothéose de Voltaire.

Les principaux émigrés voyageaient dans les Cours de l'Europe pour déterminer les Puissances à s'opposer à la marche de la révolution. L'émigration depuis la fuite du Roi prenait un caractère alarmant ; plusieurs corps en entier ou en partie , les états-majors d'une grande partie des régimens , avaient passés dans l'étranger ; des protestations et des manifestes des Princes étaient répandus dans le public ; des traités secrets étaient signés ; le Roi de Suède dédaignant les voies de détour dont se servaient les autres

Puissances , ordonnait à son ambassadeur de n'avoir aucune relation avec les ministres tant que le roi ne serait pas libre ; l'Angleterre armait ; l'Empire rassemblait des armées sur les frontières ; la Suisse déclarait à l'assemblée que les troubles du pays de Vaud l'obligeait à y faire séjourner un corps de troupes ; des emprunts étaient ouverts dans les grandes places de commerce pour le compte des Puissances ; l'Empereur avait fait notifier à l'ambassadeur de France qu'il ne serait point reçu à la Cour tant que durerait la captivité de Louis XVI ; enfin , tout faisant présager des dispositions hostiles de la part de l'étranger , l'assemblée décréta une levée de deux cens mille hommes de gardes nationales.

Dans l'intérieur , les factieux profitant de l'état d'inquiétude et d'effervescence qu'avait fait naître la fuite du

Roi , portèrent la populace à de nouveaux désordres ; on se battit dans les rues de Toulon ; en Bretagne , les châteaux furent encore la proie des flammes ; une dame Guillin , vint demander justice à l'assemblée , des horreurs commises sur le cadavre de son mari assassiné par les gardes nationales de Chasselay et de Polemieux , elle accuse ces barbares d'avoir rôti et mangé les membres ensanglantés de leur victime, après avoir pillé et incendié sa maison ; à Saint-Omer , M. de Lauretan et M. de Bosnelle échappent par miracle à la fatale lanterne , et la furie populaire ne pouvant assouvir sa vengeance enfonce les prisons de la ville et délivre les prisonniers ; à Brest un officier accusé d'avoir tenu des propos en faveur du Roi , est mis en pièce par une populace féroce ; à Lorient deux officiers arrivés nouvellement de la Martinique ne durent leur salut qu'au zèle de la garde nationale ; un camp avait été formé à Gonesse , l'indiscipline et le libertinage y étaient à son comble , les prostituées de la capitale y affluaient et y portaient le désordre et l'insubordination ; Paris , malgré les poursuites dirigées contre quelques chefs de clubs , était dans l'agitation , la cherté des grains et les motions incendiaires des agens du parti anarchique , entretenaient le bas peuple dans la défiance de l'assemblée , dans la haine des Bourbons et dans un désir effréné de troubles et de séditions.

Voltaire , le héros du philosophisme , le dieu des athées , méritait une apothéose de la part de ses adeptes , on ne pouvait mieux choisir que ces temps de désastres qu'il avait prédit et dont il avait si bien préparé les voies. Aux yeux de tous les Français, l'auteur de la Henriade, d'Alzire et de Mérope en était digne. Ce n'était pas au rival d'Homère que ces honneurs furent décernés, mais à celui qui le premier démoralisa sa patrie, qui voulut en détruire la religion, qui fit de l'impiété une mode, à l'auteur enfin de la Pucelle....

Les cendres de Voltaire furent recueillies dans une urne, et transférées avec pompe au Panthéon, sur un superbe char traîné par douze chevaux; un cortége nombreux l'accompagnait, il était composé des démagogues qui avaient arrêté le roi à Varennes, du club des Jacobins, des vainqueurs de la Bastille, des autorités constituées, de la force armée et de plusieurs académies.

Ce fut à-peu-près vers cette époque que se signa la fameuse convention de Pilnitz , les conférences se tinrent au château de ce nom , entre l'empereur , le roi de Prusse et le comte d'Artois. Une alliance offensive et défensive se fit entre les deux Puissances , elle avait pour but de donner au roi de France les moyens de rétablir les bases du gouvernement monarchique sur des fondemens solides ; mais l'acceptation du code constitutionel , ne permit pas de réaliser ce projet.

CHAPITRE XII.

Achevement de la Constitution. Son acceptation
par le Roi. Décret d'amnistie. Lueur d'espérance dans les hommes paisibles. Fin de la
session de l'assemblée constituante.

L'ASSEMBLÉE nationale au milieu des
troubles avait achevé sa constitution ,
après l'avoir légèrement révisée , elle
décréta le 3 Septembre qu'elle était
terminée et qu'elle serait portée à la
sanction au Roi , par une députation
de soixante membres.

Louis XVI avait long-temps hésité
s'il devait signer une constitution , qui
se ressentait des orages politiques et
de l'asservissement où les révolutionnaires avaienttenu long-temps l'assemblée , M. de Montmorin s'y opposait ,

mais

mais les autres ministres et le vertueux Malesherbes furent d'avis qu'il fallait céder pour prévenir une guerre civile , et le Roi fit annoncer à l'assemblée nationale par le garde des sceaux , qu'il acceptait l'acte constitutionnel.

Il vint le lendemain au milieu de l'assemblée en jurer solennellement l'observation ; l'ivresse et la joie des Parisiens furent extrêmes , des illuminations brillantes , des fêtes pompeuses célébrèrent cet événement ; la proclamation de ce code se fit sur l'autel de la patrie au bruit d'une salve de cent trente coups de canons. Un décret d'amnistie rendit la liberté à tous les détenus pour délits relatifs à la révolution ; un autre décret statua que, vu les désordres qu'avaient excité le patriotisme exagéré des clubs , ils étaient dépouillés de toute existence politique , et que désormais ils seraient mis sous la surveillance immédiate des autorités.

La plupart des villes de France partagèrent l'ivresse de la capitale ; les hommes fatigués de troubles crurent à un retour à l'ordre, ils se livrèrent à l'espérance que le pouvoir exécutif allait avoir assez de force pour prévenir de nouvelles commotions , que les Français charmés de leur constitution allaient la respecter comme une arche sainte , qu'aucun parjure ne violerait le serment de la maintenir , et qu'un nouvel âge d'or allait rendre la France le plus heureux et le plus florissant des empires.

Si l'assemblée constituante , après avoir détruit les anciennes lois , avait eu le courage au lieu de se dissoudre de rester debout , comme le Roi l'en avait invitée , pour consolider les nouvelles ; si au lieu de s'épouvanter des manœuvres des démagogues , elle les avait franchement combattus , comme elle l'avait fait dans les derniers mois de son règne ; si au lieu d'abandonner un trône chancellant dont elle avait elle-même sapé les fondemens , elle se fût sincèrement réunie au vertueux Louis XVI, et dans une parfaite harmonie , travailler au bonheur des peuples et à la gloire de la nation , elle serait peut-être parvenue à cicatriser les plaies de la patrie , à faire oublier les maux affreux qui l'avaient désolée , et elle aurait prévenu de bien plus grands désastres ; mais l'histoire juste et inexorable l'accuse , et comme elle fait abstraction des personnes , elle doit dire que si dans ses membres il s'est trouvé des hommes de grands talens, d'une haute vertu , d'un patriotisme pur et éclairé et d'un courage sublime, elle doit dire aussi que c'est à elle que notre malheureuse patrie doit tous les maux incalculables dont nous sommes encore accablés.

FIN.

TABLE
DES MATIÈRES
Contenues dans ce Volume.

Fin de la Table.